MW01231237

*Start*Book

Impulsando Jóvenes Emprendedores

Evan Keller

con Odile Pérez, Carson Weitnauer & Jeff Hostetter

Creating Jobs**.org**
Business for Global Good

Creating Jobs Inc
DeLand, Florida

Publicado por:
Creating Jobs Inc
136 S. Sheridan Ave.
DeLand FL 32720
World Wide Web: www.creatingjobs.org
E-mail: info@creatingjobs.org

ISBN 978-0- 9967216-8- 4
Impreso   en   los   Estados   Unidos   de   América

Dedicatoria

¿Alguna vez te has inspirado inmediatamente por alguien que por la gracia de Dios ha superado enormes obstáculos? La idea de este libro nació en Honduras la semana en que conocimos a Joyce, una joven de 17 años que sostiene a una familia de ocho y a tres empleados a través de su salón de belleza. Ese día en agosto de 2017, nos sorprendió que ella había lanzado un negocio exitoso mientras asistía a la universidad y cuidaba de sus tres hermanos menores.

Es increíble ver de primera mano como *Compassion International* moldea el carácter y el liderazgo de innumerables jóvenes así como lo hicieron con Joyce. Estamos muy contentos de trabajar con ellos para ayudar a otros adolescentes en Honduras y en todo el mundo a hacer lo que Joyce ha hecho.

¡Gracias Joyce por inspirarnos a nosotros y a tus compañeros adolescentes para ayudar a las comunidades a prosperar!

Contenido

*Start*Book

Sinopsis:

Moviliza tus fortalezas, recursos
y compañeros de equipo para
traer una solución innovadora a
los clientes que lo desean.

StartBook

Un Vistazo

Utiliza tus fortalezas y recursos y moviliza tus compañeros de equipo para brindarle a tus clientes la solución que desean.

1. Tú

Aprende que es lo que hace un empresario maduro. Evalúate y planéate para crecer.

2. Solución

Crea una solución única a un problema, permitiendo que la retroalimentación de tus clientes forme tu producto ó servicio. Construye tu identidad empresarial alrededor de esa solución y diseña sistemas que produzcan tu producto de manera segura y eficiente.

3. Gente

Aprecia y aprende de éstos grupos de personas que son vitales para tu éxito. Desarrolla relaciones de confianza con ellos y donde todos puedan ganar-ganar.

4. Dinero

Nunca hay suficiente dinero para todo, así que debes utilizarlo para tus prioridades. Sigue diligentemente éstas mejores prácticas para administrar tu dinero y paulatinamente y pacientemente construir riqueza.

5. Lanzamiento

Presta atención a éstos detalles importantes para planificar un lanzamiento exitoso.

6. Clientes

Identifica tus clientes ideales y encuentra tu mensaje para ellos, y encuentra los medios adecuados para llegar a ellos y hacerlos tan felices que ellos te traigan a tus amigos.

7. Crecimiento

Planifica tus próximos pasos para poner en práctica lo aprendido en StartBook. Decide si deseas tomar el curso avanzado de GrowBook para crecer de un propietario solitario a un CEO (Presidente Ejecutivo) de una empresa sólida.

¿Qué necesidad tiene cada aspecto de tu negocio?
Escriba "mantener", "afinar" o "reconstruir" debajo de cada icono.

Mi Gran Enfoque:

Introducción

Para nuestros lectores adolescentes, esperamos y oramos para que este libro sea el comienzo de un viaje increíble y que los transformen mientras que crean un negocio que ayuda a su comunidad a prosperar. Si te enfocas en hacer crecer tu carácter como te sugerimos aquí, y trabajas tanto inteligente como duro, te sorprenderá lo que Dios hará a través de ti.

Este no es un libro de texto complicado ni está lleno de palabras elegantes. *Start*Book divide las complejidades de los negocios en pasos de acción súper simples que definitivamente puedes hacer si permaneces decidido - por varios años. Hay muchas cosas que se pueden hacer en los negocios, pero algunas son más efectivas que otras. Este libro te brinda los elementos esenciales. No es un libro con mucha espuma y poco chocolate, sino al contrario te ofrecemos simples acciones que traen resultados. Para enfatizar esto, cada lección es una acción y hemos escrito en cursivo el verbo principal en los titulares del libro.

Los negocios realmente *se pueden* simplificar, pero eso no significa que sean fáciles. Hacer que un negocio tenga éxito es una de las cosas más difíciles y gratificantes que jamás hayas intentado. Crear algo tan valioso para tu comunidad es una excelente manera de imitar a tu Creador. Él te dará la creatividad, fuerza y sabiduría mientras confías en Él. Debes tomar *acción*, tomar la iniciativa de constantemente hacer las cosas correctas una y otra vez. Este libro no es libro teórico, es un mapa de ruta que ya hemos recorrido ya que hemos construido exitosamente nuestros negocios. Sigue los consejos y ejemplos de los empresarios en estas páginas y este mapa también funcionará para ti. ¡Ten coraje, puedes hacerlo!

Una pequeña sugerencia de como usar las herramientas en este libro. Observa la "Gran Imagen" al principio y al final del libro. Es una auto-evaluación rápida que sólo debería tomar un par de minutos para completarse. Puedes usarlo para medir tu progreso tomándolo antes y después de aplicar nuestro consejo.

Al final de cada uno de los siete módulos hay otra herramienta llamada "Plan de Inicio." A medida que termines cada módulo, utiliza esta herramienta para establecer objetivos y aplicar lo que has aprendido. Hay una gran diferencia entre saber algo intelectualmente versus tener experiencia. Olvidamos siempre las ideas de otras personas, pero cuando lo haces tú, se convierten en parte de ti y pueden cambiarte dramáticamente para mejor. El módulo 7 comparte más sobre cómo usar el Plan de Inicio, que se encuentra al final del libro.

A lo largo de *Start*Book, proporcionamos ejercicios para ayudarte a comenzar con la aplicación de estas ideas en el hogar, la escuela y la iglesia. Usar estos ejercicios puede hacer que lo que estás aprendiendo sea parte de tu vida, pero el mejor aprendizaje ocurrirá cuando apliques nuestros consejos a un negocio real que comiences.

Reflexionar es casi tan importante como actuar, por lo que este libro está lleno de Escrituras y preguntas para que pienses cómo puedes crecer tú y tu negocio. Hay lugares para escribir tus reflexiones, lo que puede llevarte a tomar acción. Te recomendamos que no te saltes este importante paso, ya que escribir es una forma poderosa de enfocarte y capturar tus pensamientos para usar en el futuro.

Verás que las lecciones a seguir están repletas de consejos de expertos. Para mostrarte cómo se aplican en la vida real, te brindamos casos de estudio de empresas reales que han puesto en práctica nuestros consejos. Cada módulo también tiene una narración ficticia de adolescentes que están luchando para comenzar un negocio exitoso.

Oramos y creemos que puedes: crear empleos para las personas que los necesitan, producir productos y servicios que satisfagan necesidades reales, brindar bienestar a tu propia familia y convertirte en un líder fuerte para tu iglesia y comunidad, ¡todo para la gloria de Dios!

1. Tú

Síntesis del módulo: Aprende que es lo que hace a un emprendedor maduro. Evalúate y planifícate para crecer.

Módulo 1: TÚ

 Lee la sinopsis del módulo: Aprende qué es lo que hace a un empresario maduro. Evalúate y planifícate para crecer.

 Observa adolescentes que necesitan consejos:

Un domingo en Iglesia de Gracia, Mario, un chico de diecisiete años, se levantó para contar su historia de cómo llegó a conocer a Jesús. Fue una historia increíble de la intervención milagrosa de Dios en su vida.

Al final, el pastor le preguntó a Mario cómo la iglesia podía orar por él. Inesperadamente, la cara de Mario pasó de alegre a ansioso, mientras compartía las luchas que enfrentaba para encontrar un trabajo y dar de comer a sus hermanas menores.

Como miembros regulares de Iglesia de Gracia, Alejandro y María, dos mejores amigos – escucharon con atención. Cuando salieron de la iglesia, Alejandro le dijo a María: "Creo que Dios me dio una visión mientras Mario estaba hablando. Creo que se supone que debemos comenzar una tortillería, y contratar a Mario."

Alejandro era un atrevido tomador de riesgos, siempre estaba activo y en movimiento. María prefería tomarse su tiempo antes de tomar una decisión y como siempre, se detuvo y pensó por un momento. Entonces ella dijo:

13

"Pero Alejandro, ¡no sabemos nada sobre negocios! Si esto es cierto, Dios tendrá que mostrarnos qué hacer. ¡Sabemos que Dios nos ama como sus propios hijos! ¡Oremos y pidamos al Espíritu Santo que nos guíe!"

Alejandro respondió: "Es una buena idea, María, pero comencemos de inmediato, ¡durante el almuerzo! Quiero ir a la Tortillería Carolina y obtener algunas ideas para nuestro negocio."

Lección 1A: Encuentra tu identidad en Cristo

 Sigue los consejos de los expertos (*Encuentra* tu identidad en Cristo):

Saber que eres completamente aceptado y magníficamente amado por Dios es la única ancla verdadera en los mares agitados de la vida. Como hijo o hija real de Dios, tienes amplia confianza y coraje para hacer cualquier cosa a la que Él te llame hacer. Tu valor se demuestra por el sacrificio de Cristo por ti y no por cualquier cosa que logres. Por lo tanto, eres libre de tomar grandes riesgos sin atajar ni maltratar a otros. Aunque tengas éxito o fracases, Dios lo usará para que seas más como Jesús.

Saber quien eres te permite construir tu vida en la roca. Esto conquista el miedo, la ansiedad, la indecisión y el conformarte por menos de tu potencial. Mientras el propósito de Dios para ti en la tierra no esté terminado, eres indestructible. Si el máximo enemigo, la muerte, no puede interrumpir el llamado de Dios para tu vida, entonces ¿por qué preocuparse por las cosas pequeñas? Dios no sólo te da el aliento de la vida, sino que te ha estampado a su propia imagen creativa y te ha dado la responsabilidad de desarrollar el potencial de su buena creación. Por ejemplo, piensa en los molinos de viento en las montañas al sur de Tegucigalpa, Honduras. En su regalo de la creación, Dios proporcionó muchos regalos que culminaron en esas turbinas de viento. ¿Puedes enumerar algunos? El viento, la idea de aprovecharlo y convertirlo en energía, electricidad, mineral de hierro, silicona y en otros minerales. Dios también te *da* los dones que *necesitas* para hacer lo que Él te llamó a hacer. Como quería proporcionar energía generada por el viento a Tegucigalpa, donó personas durante muchos siglos para convertir el hierro en acero, el petróleo en plástico, el silicón en chips de computadora.

Obedecer a Dios para usar sus dones en ti y alrededor de ti trae mucho gozo. Es la alegría de co-crear con Dios, en agradecimiento por sus dones, la satisfacción de usar tu mente y cuerpo para traer algo nuevo al mundo que sirve a nuestras comunidades. Es de gozo porque en Él cumplirás el llamado de Dios de amar a nuestro prójimo. Tienes toda la libertad para explorar la creación de los dones de Dios sin la presión de hacerlo mal. A medida que aprendas en lo que eres bueno y como usarlo para amar a tu prójimo, cometerás errores en el camino. Se llama fracaso. Lo bueno es que tus errores no disminuyen en lo más mínimo quien eres: un/a hijo/a de Dios prodigiosamente amado/a. Puedes vaciar todo tu corazón en todo lo que hagas, sabiendo que si nos caemos de frente, ¡todavía eres una persona por la que Cristo murió voluntariamente para salvarla! Como un padre que le enseña a su hija a andar en bicicleta, Él quiere que crezca en valor y experimente la alegría de una forma nueva y más rápida de viajar. Si ella se cae, Él la toma con compasión y la ayuda a volver a intentarlo. A pesar de que ella se haya caído, ella no deja de ser su hija y su creencia en ella la llena de confianza. Tenemos un valor infinito al ser amados de Dios y tenemos sus dones y el poder para seguir e imitar a Jesús en el servicio humilde a los demás. Así que depende de Dios, usa tus dones y da todo sin miedo. Aprende a recibir el afecto incesante de Dios por ti y serás imparable. "El amor perfecto expulsa todo el miedo" (1 Juan 4:18).

 Pregúntate (*Encuentra* **tu identidad en Cristo**):

¿Encuentro mi identidad en lo que hice o en lo que Cristo hizo por mí?

_____

_____

¿Cómo puedo sacar fuerza del amor de Dios cuando estoy tentado a tener miedo?

_____

_____

¿Qué talentos me ha dado Dios?

_____

_____

Sabiendo que mis fallas no pueden disminuir lo que soy como hijo de Dios, ¿qué riesgo puedo tomar con seguridad para usar esos talentos?

_____

Meditada en estas escrituras (*Encuentra* tu identidad en Cristo):

El amor crea seguridad. 1 Juan 4:18: "En el amor no hay temor, sino que el perfecto amor echa fuera el temor; porque el temor lleva en sí castigo. De donde el que teme, no ha sido perfeccionado en el amor."

La seguridad de ser hijo de Dios te recuerda que arriesgar el fracaso no pone en peligro lo más importante. Romanos 8:14-19: "*Porque todos los que son guiados por el Espíritu de Dios, estos son hijos de Dios. Pues no habéis recibido el espíritu de esclavitud para estar otra vez en temor, sino que habéis recibido el espíritu de adopción, por el cual clamamos: ¡Abba, Padre! El Espíritu mismo da testimonio a nuestro espíritu, de que somos hijos de Dios. Y si hijos, también herederos; herederos de Dios y coherederos con Cristo, si es que padecemos juntamente con él, para que juntamente con él seamos glorificados. Pues tengo por cierto que las aflicciones del tiempo presente no son comparables con la gloria venidera que en nosotros ha de manifestarse. Porque el anhelo ardiente de la creación es el aguardar la manifestación de los hijos de Dios.*"

La confianza en el llamado de Dios te da valor durante las pruebas. Nehemías 6: "*Cuando Sanbalat amenazó la vida de Nehemías para descarrilar su reconstrucción del muro de Jerusalén, él respondió: 'Estoy haciendo un gran trabajo,' 'No puedo [distraerme],' no [me esconderé para salvar mi vida]. En cambio, oró: 'Pero ahora, oh Dios, fortalece mis manos.' Cuando completó el muro, los enemigos de Israel 'reconocieron que este trabajo se había llevado a cabo con la ayuda de nuestro Dios.'*"

17

Lección 1B: Adopta una mentalidad bíblica ante los negocios y el dinero

 Sigue los consejos de los expertos (*Adopta* una mentalidad bíblica ante los negocios y el dinero):

El trabajo es una manera honorable de imitar a Dios y su creatividad. Los negocios son la manera en que Dios responde al Padre nuestro por el pan de cada día (Mateo 6:11). Incluso el dinero es una herramienta que puede lograr mucho bien.

El trabajo es bueno porque Dios trabaja. Cuando Dios creó el mundo, se alegró de que era "muy bueno." La biblia ofrece muchas metáforas de Dios como trabajador. Está representado como "un alfarero, metalúrgico, fabricante de prendas de vestir, una cómoda, jardinero, granjero, enólogo, pastor, fabricante de tiendas, constructor, arquitecto, música, y compositor....Él inspira y equipa a toda buena obra" (Ben Witherington, Trabajo, p.7). Como parte de la imagen que refleja, eres la única criatura que Él le ha dado el privilegio de unirse a Él como trabajador. El trabajo es buen regalo, por ejemplo desde el principio con Adán quien fue encargado de nombrar a los animales, cuidar el jardín y lo pusieron a cargo de toda la tierra! Cuando Adán y Eva desobedecieron a Dios, tu trabajo se corrompió con la fatiga y frustración, pero aún así retiene la bondad que puede ser muy enriquecedora.

Los negocios son una forma de organizar el trabajo para optimizar el valor (productos) que crea para las personas (clientes). Obedecer el llamado de Dios para desarrollar su creación, los negocios combinan creativamente materias primas con la innovación y el trabajo para satisfacer las necesidades que la gente tienen. Por lo tanto, el negocio es una buena cosa, ya que combina buenos ingredientes: la buena creación de Dios, las mentes creativas que reflejan su creador, y cuerpos humanos que hacen un buen trabajo. Esta receta se creó para crear productos y servicios que ayuden a las comunidades en el mundo entero a prosperar. El dinero que genera tu negocio (ventas menos gastos) se llama "ganancia." La ganancia no es malo como algunos alegan, sino más bien mide la cantidad de valor que has creado para la gente en tu comunidad.

El dinero es algo bueno. Imagínate lo difícil que sería si las personas no pudieran convertir los resultados de su trabajo en algo que todos quisieran. ¡Haría todo mucho más difícil si el agricultor intentara comprar medicinas, educación y gasolina con papas! Como cualquier buen regalo, el dinero puede ser distorsionado en un ídolo peligroso. Es una herramienta que puede ser usada para el mal, sino también por una buena increíble en servicio a los demás.

Asumir la perspectiva de Dios en cuanto el trabajo, los negocios y el dinero te prepara para convertirte en un empresario/a exitoso/a. Y te da un rol en mostrar como Jesús es el Señor de los negocios, así como cada parte de la vida y la sociedad. ¡Disfruta el increíble privilegio de ser un compañero de trabajo con el Todopoderoso!

 Pregúntate (*Adopta* una mentalidad bíblica ante los negocios y el dinero):

¿Cómo cambia la visión de Dios mi perspectiva de mi trabajo?

_____

_____

¿Qué beneficios de los negocios me emocionan?

19

_____

_____

¿Cómo desafía esto mi perspectiva hacia al dinero?

_____

_____

¿Qué he experimentado de la lucha entre la codicia y la generosidad?

_____

_____

 Meditada en estas escrituras (*Adopta* una mentalidad bíblica ante los negocios y el dinero):

El trabajo es bueno porque Dios es el trabajador original. Génesis 1:31: " *Y vio Dios todo lo que había hecho, y he aquí que era bueno en gran manera. Y fue la tarde y la mañana el día sexto.* "

El trabajo es una parte importante del propósito de Dios para la humanidad. Génesis 2:15: "*Tomó, pues, Jehová Dios al hombre, y lo puso en el huerto de Edén, para que lo labrara y lo guardase.*"

La creación de riqueza es un regalo de Dios. Deuteronomio 8:18: "*Sino acuérdate de Jehová tu Dios, porque él te da el poder para hacer las riquezas, a fin de confirmar su pacto que juró a tus padres, como en este día.*"

El dinero en las manos correctas puede bendecir de manera significativa a una comunidad. Proverbios 11: 10-11: *"En el bien de los justos la ciudad se alegra; Mas cuando los impíos perecen hay fiesta. Por la bendición de los rectos la ciudad será engrandecida; Mas por la boca de los impíos será trastornada."*

Dios usa el negocio para responder la oración. Mateo 6:11: *"El pan nuestro de cada día, dánoslo hoy."*

Lección 1C: *Crece* en carácter

 Sigue los consejos de los expertos (*Crece* en carácter):

Los emprendedores son: determinados, creativos, solucionadores de problemas, optimistas, valientes ante los riesgos que enfrentan, se enfocan en el futuro, auto controlados, son muy trabajadores, dispuestos a seguir aprendiendo, humildes, un siervo de corazón, orientado a la acción, confiables y llenos de integridad. Descubre cuales de las características anteriores son tus fortalezas y cuales son tus debilidades, luego pídele a Dios que con el tiempo te ayude a construir hábitos que te ayuden a crear un nuevo carácter.

Como el único humano con carácter perfecto, Jesús modela como Dios quiere que vivas. De hecho, ser como Jesús es el deseo primario de Dios para nuestras vidas. ¡Eso es! Romanos 8:29 dice que nuestro destino es ser "conformados a la imagen de su hijo." Todos queremos ser como Jesús... ¡en teoría! Pero cuando miramos más de cerca, notamos que Jesús vivió una vida en forma de cruz (Hood, Imitating God in Christ, p.67). Estás hecho como Jesús mientras obedeces su orden de "negarte a sí mismo, toma tu cruz y sígueme." Creces en carácter al imitar el amor de sacrificio de Jesús.

Eres incapaz de vivir como Jesús sin el empoderamiento de Dios, así que constantemente pídele que te forme con su Espíritu. Cuando te rindes al "matar los deseos de la carne" una y otra vez, se convierte en un hábito. Si buscas ser más honesto, la vigésima vez que te resistas a decir una mentira será un poco más fácil que la primera vez. Te sucederá más cosas entre ellas: sentir el placer de Dios, disfrutar relaciones más auténticas y construir un nuevo hábito con las vías neuronales que lo acompañan en el cerebro. Con el tiempo, los hábitos se convierten en rasgos: se convierten en parte de lo que eres (David Kale, Businessasmission.com).

Pero, ¿qué carácter tiene que ver con el negocio? El éxito de un negocio depende en gran medida el carácter de su líder. Esto es cierto porque tu negocio va a tomar tu personalidad, y los clientes desean hacer negocios con personas de su confianza. Además de tener carácter como el de Cristo, se combinan rasgos generales de personalidad que crean grandes emprendedores. Estos son los rasgos que más necesitas para tener éxito en los negocios:

Determinado – Este es el rasgo *más necesario* porque comenzar un negocio requiere hacer cosas difíciles diariamente por muchas horas y por muchos años sin ninguna garantía de éxito y sin nadie que te empuje para hacerlas. El fuego (deseo) debe venir desde adentro y este deseo debe ser fuerte y resistente. Además, se trata de seguir creyendo que tendrás éxito mientras enfrentas muchos fracasos pequeños.

Creativo – Debes idear soluciones innovadoras para los clientes y luego desarrollarlos en productos y servicios increíbles. Entonces debes disfrutar el reto de mejorar tu negocio todos los días. Siempre piensa en nuevas ideas para cada parte de tu negocio, escríbelas y ponlas en practica.

Solucionadores de problemas – Las cosas saldrán mal *todos los días* en tu negocio, por lo que debes ser decisivo para resolver los problemas. En lugar de reaccionar con miedo, ira o parálisis, debes enfrentar la adversidad de frente con paciencia y humildad. Algunas veces los problemas se verán insuperables, sin embargo, tendrás que enfrentar el desafío día tras día. Mucho de los problemas serán causados por gente que te engaña. De hecho, estarás asombrado con la variedad de estafas y robos que tu negocio atraerá. El negocio te hará más fuerte (aumentará tu tolerancia al estrés). A medida que vayas creciendo en sabiduría y experiencia, tus decisiones mejorarán y la gente mala no robará tu sueño.

"Otro aspecto importante de ser un solucionador de problemas en los negocios es satisfacer una necesidad real en lugar de simplemente proporcionar algo que las personas puedan vivir fácilmente sin él. Cuando resuelves un problema real y encuentras una verdadera necesidad que las personas tienen, sus vidas serán mejores y las personas lo apreciarán. ¡Esta es una forma poderosa de imitar a Dios! Él es el mejor solucionador de problemas" (Jeff Hostetter). Nuestro problema de pecado dañó nuestras relaciones con Dios, su Creación y de uno al otro. En lugar de renunciar a sus humanos rebeldes, comenzó pacientemente una serie de soluciones provisionales que culminaron en el sacrificio de su hijo Jesús en la cruz. Esas soluciones incluyeron la creación de un pueblo que le pertenece, luego el envió un libertador y legislador (Moisés), jueces, sacerdotes, profetas y reyes. Además, envió la inspiración de los escritores bíblicos para revelar el camino de regreso a Dios. Al enviar a su Hijo, Él personalmente entró en nuestros problemas y con su muerte y resurrección rompió el estrangulamiento que el pecado y la muerte tenían sobre nosotros. Si bien no se puede liberar a las personas de sus pecados, hay una manera de imitar al máximo solucionador de problemas. Cuando Jesús proporcionó curación, liberó a las personas de los demonios, las alimentó, las tocó y les dio palabras sanadoras. Al hacer esto Él estableció la importancia de aliviar todo tipo de necesidad humana, incluyendo nuestras necesidades físicas, emocionales, espirituales y sociales. Entonces, cuando los empresarios resuelven problemas para las personas, pueden ser las manos y los pies de Jesús. ¡Qué gran privilegio!

Optimista – A pesar de las constantes batallas, debes creer que ganarás la guerra. La alegría y el humor pueden aliviar tu estrés. La mejor base para el optimismo es encontrar tu identidad en Cristo; saber y creer que tu negocio es parte del plan de Dios para revelar su gloria en tu comunidad. Por el contrario, una perspectiva negativa puede paralizar tu motivación de construir un negocio sólido.

Valiente ante los riesgos – Las personas con aversión al riesgo no pondrán mucho de su tiempo y dinero en la línea ya que el 75% de las empresas fracasan y no llegan a los cinco años. El análisis y la planificación son buenos, pero debes saber cuándo salir y actuar. El coraje no es la falta de miedo, sino tomar medidas positivas frente al miedo.

Orientado a la acción – Los emprendedores son más propensos a ser vistos actuando en vez de simplemente hablando. Ellos hacen las cosas; hacen que las cosas sucedan. No tienen miedo a probar ideas aunque no estén 100% perfeccionadas. Por lo general, ellos aprenden más haciendo que planificando. Aprovechan las oportunidades antes de que se escapen.

Se enfocan en el futuro – Los emprendedores no están contentos con sólo sobrevivir hoy. Ven lo que quieren lograr en el futuro y hacen sacrificios hoy y todos los días para alcanzar ese objetivo lejano. Esta "gratificación retrasada" es necesaria porque un negocio sólido no se construye rápidamente ni fácilmente. Tienes que creer que realmente puedes moldear tu propio futuro con la ayuda de Dios. Un negocio sólido puede proporcionar un futuro próspero para comunidades enteras.

`
Auto controlado – Ser disciplinado, especialmente con tu tiempo, dinero y palabras, te dará estabilidad en tu negocio. Pero si eres descuidado y muy flexible con la forma en que usas tu tiempo, dinero y palabras, sabotearás tu negocio. El mal uso del tiempo

desperdiciará tu potencial, el uso egoísta o derrochador de dinero te llevará a la bancarrota, y el enojo o el mal uso de las palabras alejarán a tus empleados y clientes.

Muy Trabajadores – Es imposible darse cuenta de cuanto trabajo será un negocio hasta que realmente lo hagas. Dieciocho horas por día durante varios años no es inusual. Otra sorpresa es la cantidad de diferentes tareas que un nuevo emprendedor deberá hacer. Investigaciones cerebrales recientes muestran que cambiar de tarea y tener tantas cosas en tu mente a la vez es muy agotador para el cerebro. Ser constantemente interrumpido con otro asunto urgente es una experiencia cotidiana para la mayoría de los emprendedores. Por lo tanto, los desafíos incluyen: priorizar y organizar el trabajo con la mente, completar el trabajo que es realmente necesario y capacitar a otros para poder delegar el trabajo a empleados confiables.

Dispuestos a seguir aprendiendo – Muchos emprendedores tienen una relación conflictiva con el aprendizaje. Tras lograr la hercúlea (ardua) tarea de empezar su negocio, están tentados a pensar que no necesitan seguir aprendiendo. A veces piensan que nadie conoce su negocio mejor que ellos, por lo que el orgullo les impide aprender, especialmente de personas a las que consideran menos competentes que ellos mismos. Por otro lado, los mejores emprendedores saben que necesitan seguir aprendiendo para obtener (ó mantenerse) por delante de sus competidores. Aprender de una variedad de personas, libros, artículos y videos estimula tu creatividad. Escribir y actuar sobre nuevos conocimientos solidifica lo que estás aprendiendo. ¡Incluso en sus años ochenta, Warren Buffett lee durante 5-6 horas al día! A su edad y nivel de logro, es la segunda persona más rica de la tierra, justificablemente podría decir, "creo que ya lo tengo todo resuelto" y sólo operar según su sabiduría y experiencias acumuladas.

Humilde – Ser capaz de admitir cuando te equivocas, disculparte y corregir lo que haces puede ayudarte a ganar los clientes y empleados descontentos. La humildad te ayuda a estar abierto a las buenas ideas de los demás. Ser capaz de burlarte de ti mismo y relacionarte con tus empleados a nivel personal te hace más accesible y agradable.

Siervo de corazón – Dado que el objetivo del negocio es servir, los clientes percibirán si sólo quieres usarlos o si realmente te importan. Muestra preocupación por las familias de sus empleados e interésate por su desarrollo personal y profesional. Recuerda, Jesús es nuestro modelo a seguir.

Confiables – "El éxito duradero de una organización se basa en la fiabilidad de sus líderes... clientes desean hacer negocios con personas de su confianza"(Kris Den Besten, Shine, p.61-62).

Lleno de integridad - "El negocio prueba la integridad de las personas. ¿Cómo? La integridad es hacer lo correcto: vivir la vida a la manera de Dios. Es vivir una vida honesta donde coinciden tus palabras y tus acciones. Los negocios nos hacen enfrentar situaciones desafiantes y lidiar con personas difíciles. Los dueños de negocios están tentados a tomar atajos o a ser deshonestos. Entonces debemos llenar nuestro corazón y nuestra mente con los principios de Dios de las Escrituras y pedirle al Señor su fortaleza para que aparezca en la forma en que hacemos negocios, y nosotros mantengamos nuestra integridad" (Jeff Hostetter).

¿Qué tan bien encarnas estos rasgos? ¿Esta lista te describe? ¡Porque el orgullo puede inhibir nuestra autoconciencia, no sólo confía en tu propia auto-reflexión! En cambio, toma evaluaciones (tales como Strengths Finder, Myers-Briggs y DISC) que revelan tus fortalezas y rasgos de personalidad. Además, pregúntale a aquellos que te conocen mejor para que honestamente te califiquen sobre estos rasgos de carácter. Luego, elige algunos de los rasgos en los cuales más necesites trabajar y busca la ayuda de Dios para desarrollar nuevos hábitos para poner en practica.

Estudia la vida de Jesús. Lee biografías de líderes del pasado y actuales cuyo ejemplo puedes seguir. Encuentra personas en tu propia comunidad a las que puedas admirar y copiar de cerca (duplicar). Crecer en carácter es probablemente la mejor inversión que puedas hacer en ti mismo y en tu negocio.

 Pregúntate a ti mismo (*Crece* en Carácter):

¿Cuáles de estos rasgos de carácter empresarial soy fuerte y débil?

_____

_____

¿Qué mentores y miembros de la familia pueden darme una evaluación honesta de mi personaje?

_____

_____

¿Qué rasgos de carácter quiero tener más?

_____

_____

¿Cómo ha usado Dios las dificultades y los hábitos para dar forma a mi personaje?

_____

¿Qué hábitos debo comenzar para dar forma a mi persona con el tiempo?

_____

_____

¿Seguiré a Jesús en autodisciplina aunque sea difícil para crecer más como Él?

_____

_____

¿Estoy orando para que el Espíritu Santo me cambie?

_____

_____

 Meditada en estas escrituras (*Crece* en Carácter):

El objetivo de Dios para nuestras vidas es hacernos más como Jesús. Romanos 8:29: *"Porque a los que antes conoció, también los predestinó para que fuesen hechos conformes a la imagen de su Hijo, para que él sea el primogénito entre muchos hermanos."*

Para ser como Jesús implica reflejar su vida en la cruz. Mateo 16:24: *"Entonces Jesús dijo a sus discípulos: Si alguno quiere venir en pos de mí, niéguese a sí mismo, y tome su cruz, y sígame."*

La determinación es una virtud importante. Proverbios 24:16: *"Porque siete veces cae el justo, y vuelve a levantarse; Mas los impíos caerán en el mal."*

En la fortaleza de Dios, puedes lograr mucho más de lo que ahora te das cuenta. Hebreo 11: 32-34: *"¿Y qué más digo? Porque el tiempo me faltaría contando de Gedeón, de Barac, de Sansón, de Jefté, de David, así como de Samuel y de los profetas; que por fe conquistaron reinos, hicieron justicia, alcanzaron promesas, taparon bocas de leones, apagaron fuegos impetuosos, evitaron filo de espada, sacaron fuerzas de debilidad, se hicieron fuertes en batallas, pusieron en fuga ejércitos extranjeros."*

Tus clientes y empleados se darán si realmente te preocupas por ellos o sólo por tu propio interés. Filipenses 2:3: *"Nada hagáis por contienda o por vanagloria; antes bien con humildad, estimando cada uno a los demás como superiores a él mismo."*

Ser constante cuando las cosas son difíciles es necesario en los negocios. Santiago 5:11: *"He aquí, tenemos por bienaventurados a los que sufren. Habéis oído de la paciencia de Job, y habéis visto el fin del Señor, que el Señor es muy misericordioso y compasivo."*

Trata con aquellos que te engañan sin ser corrompidos por ellos. Mateo 10:16: *"He aquí, yo os envío como a ovejas en medio de lobos; sed, pues, prudentes como serpientes, y sencillos como palomas."*

Proveer para ti mismo a través del trabajo diligente es honorable. 2 Tesalonicenses 3:8-10: *"No comimos la comida de nadie sin pagarla. Por el contrario, trabajamos día y noche, trabajando y esforzándonos para no ser una carga para ninguno de ustedes. Hicimos esto, no porque no tenemos derecho a tal ayuda, sino para ofrecernos como un modelo para que lo imites. Porque incluso cuando estábamos con usted, le dimos esta regla: 'El que no está dispuesto a trabajar no comerá.'"*

Honestamente evalúa tus habilidades antes de comenzar. Romanos 12:3: *"Digo, pues, por la gracia que me es dada, a cada cual que está entre vosotros, que no tenga más alto concepto de sí que el que debe tener, sino que piense de sí con cordura, conforme a la medida de fe que Dios repartió a cada uno."*

Dios se preocupa por la integridad en tu negocio. Proverbios 16:11: *"Peso y balanzas justas son de Jehová; Obra suya son todas las pesas de la bolsa."*

La riqueza de carácter es mucho más importante que la riqueza material. Proverbios 28: 6: *"Mejor es el pobre que camina en su integridad, Que el de perversos caminos y rico."*

Lección 1D: *Desarrolla* tus habilidades de negocio

 Sigue los consejos de los expertos (*Desarrolla* tus habilidades de negocio):

Moviliza tus talentos para satisfacer una necesidad en tu comunidad mejor que nadie. Antes y después del lanzamiento, encuentra expertos y cursos para ayudarte a desarrollar tus habilidades. Como te aconsejamos anteriormente, ser un aprendiz de por vida. Esto aumentará tu credibilidad con sus clientes. Mejora cada día en tu oficio y también aprende a construir un negocio sólido, lo que puede llegar a ser la habilidad más importante que necesites desarrollar.

Todo puede comenzar con una oportunidad que está frente a ti. ¿Qué puedes hacer con lo que tienes? El profeta bíblico Elijah conoció a una viuda que estaba tan desesperada que dijo: "Tu siervo no tiene nada en la casa excepto un frasco de aceite" (2 Reyes 4: 2). Pero Elijah la ayudó a ver y usar varias otras cosas que ella ya tenía, incluyendo: Dios, una familia y amistades. Dios bendijo e incrementó lo que tenía cuando los puso a usar. ¿Qué *tienes*? Como la viuda, a menudo no nos damos cuenta de lo que Dios ha dado, nosotros buscamos externamente respuestas que la mayoría de las veces se encuentran internamente. El Dr. Andrés Panasiuk afirma "no son nuestras *habilidades* las que cuentan para el Creador del universo, sino nuestra *disponibilidad* para Él...Lo que le importa a Él es que los pongamos a su *disposición*. Ese es el factor determinante." Cuando ofrecemos nuestras habilidades a Dios, Él las multiplica e incluso hace milagros con ellas (Panasiuk, 2015, p.143-148). Esto es exactamente lo que sucedió con la viuda, y usted debe seguir su ejemplo. Concéntrate en tus fortalezas y habilidades, ponlas a la disposición de Dios, toma las acciones necesarias para ponlas en uso, ¡y confía en que Él las multiplicará!

Hay una segunda viuda que ilustra esto en nuestra propia generación. El Dr. Andrés Panasiuk cuenta la historia de una amiga llamada Marta que enviudó como una madre joven, se quedó sin ninguna forma de mantenerse a sí misma y a su hijo. No sabía qué hacer hasta que su tío le ofreció a ayudarla y capacitarla para trabajar en su consultorio dental. Ella invirtió tiempo y energía en ir a la escuela de odontología, trabajó para su tío, luego abrió su propio consultorio y lo convirtió en un negocio sólido. ¡Ahora su hijo se ha convertido en dentista también! Todo esto se produjo porque la adversidad la obligó a buscar las oportunidades que Dios le había brindado. Al igual que la viuda que Elijah encontró, esta viuda fue alentada a ver lo que ya estaba en sus manos, y Dios proveyó para que ella lo usara.

Toma nota de cómo tus habilidades, aficiones, intereses y pasiones que intersectan las necesidades del mundo. Esa intersección es la receta perfecta para productos excelentes que ofrecen y son soluciones reales.

¡Muy pocas cosas en la vida son más gratificantes que la oportunidad de poder hacer lo que haces mejor, lo que amas, y lo que sabes que Dios te ha llamado a hacer! El problema para los jóvenes es que no siempre saben en lo que pueden ser excelentes, y luego se necesita mucho tiempo para convertir un talento potencial en un talento de clase mundial. En su libro *Outliers*, Malcolm Gladwell dice que se necesitan 10,000 horas de prácticas para uno convertirse en un experto en algo. ¡Otro desafío para los nuevos emprendedores es que lo que tu empresa más necesita de ti no es necesariamente lo que más te gusta hacer! Puede requerir de que *por años* hagas cosas que no te gusta hacer hasta que puedas contratar a otras personas más dotadas en esas áreas. Generalmente, las personas comienzan un negocio para vender algo que les gusta producir, y poco a poco empiezan a darse cuenta de que, en lugar de fabricar su producto, lo que necesitan hacer es enfocar su tiempo y energía creativa en construir su negocio. No sólo pueden enfocarse en proporcionar soluciones increíbles para los clientes, sino que también deben aprender a atraer un flujo constante de clientes y establecer relaciones sólidas con ellos. Además, necesitan aprender a desarrollar empleados, manejar el dinero, planificar el crecimiento y proporcionar liderazgo para cada área del negocio. En resumen, la habilidad más importante para un emprendedor es ver hacia dónde se dirige la empresa y proporcionar estrategias y planes para llevarla allí. En otras palabras, se un buen líder. De eso trata este libro: aprender a "movilizar tus fortalezas, recursos y compañeros de equipo para brindar una solución innovadora a los clientes que lo deseen." Sólo puedes aprender esta habilidad haciéndolo (tomando acción). Pero para empezar, tu habilidad clave puede girar en torno a crear un producto innovador que la gente realmente quiere.

Pregúntate (*Desarrolla* tus habilidades comerciales):

¿En qué soy bueno y que realmente disfruto hacer?

_____

_____

"¿En qué podría convertirme en el mejor del mundo?" (Jim Collins, *De Bueno a Excelente*, p.13).

_____

_____

¿Cómo puedo desarrollar más activamente esa habilidad?

_____

_____

¿Cuáles de mis habilidades la gente valorar más en mí?

_____

_____

¿Cómo se intersectan mis habilidades, aficiones, intereses y pasiones con las necesidades del mundo?

_____

¿Qué puedo hacer yo con lo que tengo?

¿Hay acreditaciones que necesitaré para ganar la confianza de mis clientes?

¿Qué expertos y cursos pueden ayudarme a crecer?

¿Soy mejor construyendo mi producto o construyendo mi negocio y qué necesita más mi empresa de mí en este momento?

Meditada en estas escrituras (*Desarrolla* tus habilidades comerciales):

Los talentos bien desarrollados aumentan la influencia y el acceso. Proverbios 22:29: "*¿Has visto hombre solícito en su trabajo? Delante de los reyes estará; No estará delante de los de baja condición.*"

Dios otorga una habilidad innata y te ayuda a desarrollarla. Éxodo 31:1-5: "*Mira, yo he llamado por nombre a Bezaleel hijo de Uri, hijo de Hur, de la tribu de Judá; y lo he llenado del Espíritu de Dios, en sabiduría y en inteligencia, en ciencia y en todo arte, para inventar diseños, para trabajar en oro, en plata y en bronce, y en artificio de piedras para engastarlas, y en artificio de madera; para trabajar en toda clase de labor.*"

Afinar tus talentos acelerará tu éxito. Eclesiastés 10:10: "*Si se embotare el hierro, y su filo no fuere amolado, hay que añadir entonces más fuerza; pero la sabiduría es provechosa para dirigir.*"

Dar un esfuerzo sincero desarrollará tu potencial. Colosenses 3:23: "*Y todo lo que hagáis, hacedlo de corazón, como para el Señor y no para los hombres.*"

Dios usa lo que tienes para satisfacer tus necesidades y avanzar en sus propósitos. 1 Reyes 17: 12-16: "*Y ella respondió: Vive Jehová tu Dios, que no tengo pan cocido; solamente un puñado de harina tengo en la tinaja, y un poco de aceite en una vasija; y ahora recogía dos leños, para entrar y prepararlo para mí y para mi hijo, para que lo comamos, y nos dejemos morir. Elías le dijo: No tengas temor; ve, haz como has dicho; pero hazme a mí primero de ello una pequeña torta cocida debajo de la ceniza, y tráemela; y después harás para ti y para tu hijo. Porque Jehová Dios de Israel ha dicho así: La harina de la tinaja no escaseará, ni el aceite de la vasija disminuirá, hasta el día en que Jehová haga llover sobre la faz de la tierra. Entonces ella fue e hizo como le dijo Elías; y comió él, y ella, y su casa, muchos días. Y la harina de la tinaja no escaseó, ni el aceite de la vasija menguó, conforme a la palabra que Jehová había dicho por Elías.*"

Lección 1E: *Escribe* todo

Sigue los consejos de los expertos (*Escribe* todo):

Escribir te ayuda a clarificar tus pensamientos, los hace más reales, y te ayuda a preservarlos para futura reflexión y acción. La secuencia de pensar, escribir y actuar es esencial para crear un negocio fuerte. Doce años después de comenzar mi negocio, me doy cuenta de que escribir es lo más importante que hago. Intento escribir todos los días. Estas son algunas de las cosas más importantes de las que escribe un emprendedor: nombre y lema de la empresa, nombres de productos, visión, misión, valores, objetivos, planes, sistemas, políticas, mensajes de marketing y cartas para clientes, empleados o proveedores. Escribir es tan importante porque la comunicación efectiva es clave para un buen liderazgo, y la escritura te obliga a comunicarte de forma clara y concisa. Así que, aprende a amar las palabras y úsalas con cuidado. No desperdicies una palabra; deja que cada palabra sea poderosa. Mucho antes de que Edward Bulwer-Lytton acuñara la frase "El bolígrafo es más poderoso que la espada," ¡Dios usó simples palabras para crear el universo! A Jesús se le llama la Palabra ya que Él revela a Dios perfectamente a nosotros. Y Dios inspiró a la gente durante un largo período de tiempo para escribir las Sagradas Escrituras. Como el libro más vendido de todos los tiempos, la Biblia ha dado forma a la humanidad más que cualquier imperio, cualquier rey o cualquier ejército. Incluso tus propias palabras, cuando están escritas, pueden seguirse en los años venideros y usarse para dar forma a los pensamientos y acciones de nuestros empleados. Es sorprendente como escribir preserva las mejores ideas, nos ayuda recordar esas ideas y construirlas más adelante.

Así que desarrolla el hábito de escribir *todo* - las ideas que tienes cuando te despiertes por la mañana, las notas de la lectura de este y otros libros, los puntos clave de las conversaciones que tienes con tus mentores y los empleados, los planes para el diseño y la comercialización de tus productos, listas de las personas y empresas a quienes les puedes vender, las políticas y sistemas para sus empleados a seguir, hacer listas de tareas y horarios, órdenes detalladas de clientes, y lo más importante: visión, misión, valores y planes para el negocio.

 Pregúntate (*Escribe* todo):

¿Me encantan las palabras como les encanta a Dios?

_____

_____

¿Cómo debería usar esta poderosa herramienta?

_____

_____

¿Cuáles son algunas cosas que necesito tomarme el tiempo de escribirlas?

_____

_____

¿Quién puede ayudarme a mejorar mis habilidades de escribir?

_____

_____

¿Qué partes de mi negocio sobre las que debo reflexionar, pensar, escribir y luego actuar sobre ellas?

 Meditada en estas escrituras (*Escribe* todo):

Poner las cosas en palabras nos ayuda a hacer más con ellas. Génesis 2:19-20: *"Jehová Dios formó, pues, de la tierra toda bestia del campo, y toda ave de los cielos, y las trajo a Adán para que viese cómo las había de llamar; y todo lo que Adán llamó a los animales vivientes, ese es su nombre. Y puso Adán nombre a toda bestia y ave de los cielos y a todo ganado del campo; mas para Adán no se halló ayuda idónea para él."*

Las palabras son poderosas y la escritura las pone a disposición de muchas personas en muchas ocasiones y en muchos lugares. Proverbios 18:21: *"La muerte y la vida están en poder de la lengua, Y el que la ama comerá de sus frutos.*

_____

Lección 1F: *Adapta* el plan del negocio tu plan de vida

Sigue los consejos de los expertos (*Adapta* el plan del negocio tu plan de vida):

"Tu plan de vida debe venir antes que tu plan de negocios" (Brodsky & Burlingham, 2008). Esta es una disciplina importante porque los negocios tienden a consumirlo todo. Pero a pesar de que el negocio consumirá tu tiempo y energía en los primeros años del negocio, necesitas mantener todo en perspectiva. Sé claro acerca del "por qué" existe tu negocio y cómo sirve el propósito general de tu vida.

Por favor, usa las siguientes preguntas para reflexionar sobre el propósito de tu vida. ¿Cuáles son tus sueños para tu vida? ¿Qué es importante para ti (tus valores)? ¿Qué te trae satisfacción? ¿Qué está poniendo el Señor en tu corazón para hacer con tu vida? ¿Por qué estás aquí? Si tuviera que escribir el propósito de tu vida, ¿cuál sería? ¿Cuáles son las tres cosas principales que quieres lograr antes de morir? Pídale a Dios que te guíe mientras reflexionas y escribes. Además, obtén la opinión de tus padres y líderes de la iglesia que te conocen bien.

Ahora que has dedicado un tiempo para reflexionar sobre esto, repásalo cada cierto tiempo (meses) para así verlo con ojos nuevos (desde una nueva perspectiva), puedes ir ajustándolo medida que te vas conociendo mejor y que Dios va dando nuevas experiencias que te van formando.

Pregúntate (*Adapta* el plan del negocio a tu plan de vida):

¿Cómo encajaría el negocio con el propósito y las metas de mi vida?

_____

_____

¿Es el momento adecuado?

_____

_____

¿Por qué quiero comenzar este negocio?

_____

_____

¿Es la razón lo suficientemente fuerte para sostenerme a través de las inevitables dificultades que enfrentaré? Orar para saber si Dios realmente me está llamando a hacer negocios.

_____

_____

 Meditada en estas escrituras (*Adapta* el plan del negocio a tu plan de vida):

Las cosas secundarias encuentran su propósito en relación con las cosas primarias. Mateo 6:33: *"Mas buscad primeramente el reino de Dios y su justicia, y todas estas cosas os serán añadidas."*

Lección 1G: *Haz* que el tiempo trabaje para ti

 Sigue los consejos de los expertos (*Haz* que el tiempo trabaje para ti):

En los primeros años el negocio demandará la mayor parte de tu tiempo, así que ten en cuenta el costo y decide qué estás dispuesto a renunciar. Aprende a administrar tu tiempo de la manera más efectiva.

Con sólo 24 horas en el día, el tiempo es escaso y valioso. El apóstol Pablo nos exhorta a "aprovechar al máximo cada oportunidad" (Efesios 5:16). Si no eres proactivo en la forma en que utilizas tu tiempo, las abrumadoras demandas de comenzar un negocio te llevarán a tus límites. ¡Si agregas un negocio a tu vida, tendrás que restar (quitar) algo, o probablemente varias cosas! Trata de no restar (quitar) muchas horas a tu tiempo de descanso ya que lo necesitas para mantenerte mental y físicamente en forma, lo que definitivamente necesitarás. Lo mismo con hacer ejercicio, comer alimentos saludables, invertir en tu familia y amigos y practicar el Sabático semanal para renovar y para expresar tu dependencia de Dios. Entonces, ¿a qué vas a renunciar? Tendrás que aprender a decir "no" y "no ahora" a las cosas que te causan mal gastar el tiempo y las buenas oportunidades. "Lo bueno es el enemigo de lo excelente" (Collins, 2011, p.1).

La clave para saber qué hacer con tu tiempo es discernir la diferencia entre lo que es urgente y lo que es importante. Los asuntos urgentes pueden o no ser importantes. Algunas interrupciones, llamadas, correos electrónicos y emergencias son importantes para otros, pero ¿encajan en lo que Dios te ha llamado a hacer, los propósitos de tu vida y de tu negocio? La respuesta a veces es "sí" y es una oportunidad para "negarse a sí mismo" para servir a los demás y cumplir sus obligaciones con su familia. En otras ocasiones, debes arriesgarte a disgustar a los demás para poder concentrarte en lo que es más importante. En el trabajo, esto debe definirse por los objetivos principales que te ayudan a avanzar en la visión y la misión de tu negocio. A menudo, estos grandes objetivos son a largo plazo, por lo que parecen menos urgentes en la actualidad. Pero si no das pequeños pasos hacia ellos regularmente, es posible que nunca los alcances. "¿Cómo se come un elefante?" "¡Un bocado a la vez!"

Otro sabio consejo para administrar correctamente tu tiempo es bloquear varias horas de tiempo ininterrumpido para cosas importantes. Estoy haciendo esto ahora mismo. Estoy en un viaje de una semana para comenzar a escribir este libro. Terminar con otras cosas antes de irme a la casa y desconectarme de tareas e interrupciones diarias me permite pensar y escribir estas mismas palabras. Esto es importante debido a como Dios conectó nuestros cerebros. Realmente no podemos realizar múltiples tareas y los estudios demuestran que se requiere mucho tiempo mental y energía de cambiar de una tarea a otra. Nuestros cerebros hacen nuestro mejor trabajo cuando somos capaces de concentrarnos en una sola cosa a la vez (Medina, 2014, p.115). Por lo tanto, decide con antelación cuales de las grandes metas y tareas debes programar en tu semana, luego ajusta las cosas menos importantes alrededor de ellas. "La clave no es priorizar lo que está en tu agenda, sino programar tus prioridades" (Covey, 1989, p.161). Como el dinero, el tiempo se escapa si no le dices adónde ir. Entonces, usa un horario para tu tiempo así como tienes un presupuesto para tu dinero.

 Pregúntate (*Haz* que el tiempo trabaje para ti):

¿Qué voy a sacrificar para hacer tiempo para construir un negocio?

_____

_____

¿Cuáles son las cosas que gravemente te hacen perder el tiempo (cosas que no son productivas ni reparadoras) que puedo eliminar de mi vida?

_____

_____

¿Cuáles son algunas de las demandas urgentes de mi tiempo que no son realmente importantes?

_____

_____

¿Cómo puedo apartar grandes porciones de tiempo ininterrumpido en mi semana para hacer cosas importantes para construir mi negocio?

_____

43

Meditada en estas escrituras (*Haz que el tiempo trabaje para ti*):

El tiempo es un regalo precioso para el administrador. Efesios 5:15-16: *"Mirad, pues, con diligencia cómo andéis, no como necios sino como sabios, aprovechando bien el tiempo, porque los días son malos. "*

La brevedad de la vida revela el valor del tiempo. Salmo 90:12: *"Enséñanos de tal modo a contar nuestros días, Que traigamos al corazón sabiduría."*

 Observa adolescentes que siguen consejos:

Una vez que Alejandro y María ordenaron su comida y se acomodaron en sus asientos, Alejandro oró fervientemente. Agradeció a Dios por su comida y pidió orientación sobre los siguientes pasos. María sacó su teléfono para tomar notas. "Bien Alejandro, pensemos en esto. ¿Por qué Dios nos llama a comenzar nuestra propia tortillería? Quiero escribir todos los pros y contras antes de comenzar."

Alejandro comenzó a hablar rápidamente:

"Primero, te encanta cocinar. Sabores, especias, texturas: tu abuela te enseñó todos los secretos. Desde que eras una niña, has trabajado duro en casa y en la escuela. Todos te preguntan siempre si pueden venir a cenar a tu casa. ¡Eres la mejor cocinera que conozco!

"Segundo, me encantaría llegar a un acuerdo. Obtendré los mejores precios en ingredientes, en el equipo, en el alquiler. En la escuela, mis lecciones favoritas han sido sobre el dinero. Y mi tío me enseñó a hablarle a la gente; Él siempre está sonriendo, pidiendo una rebaja y logrando que la tienda le de algo gratis. ¡Puedo hacer lo que él hace!

"Tercero, somos buenos trabajadores. No necesitamos perder tiempo en fútbol, televisión o en nuestros teléfonos celulares. Queremos una vida mejor. Y si lo hacemos bien, podemos ayudar a otros. Podemos contratar a Mario y muchos otros. Hay mucha gente en nuestra iglesia que necesitan buenos trabajos!"

María se detuvo para pensar. Entonces ella dijo: "¡Pero somos tan jóvenes! ¿Cómo nos protegeremos de las pandillas? ¿Qué pasa si nadie quiere comprar nuestras tortillas? ¡Tenemos que pensar en los desafíos también!"

Alejandro le sonrió a María. "Escuchaste el sermón en la iglesia, ¿verdad? El pastor dijo tenemos que ser fuertes y tener coraje, al igual que Josué. Si buscas los problemas, buscaré las soluciones. Seremos un equipo ¡Sé que podemos hacer esto juntos!

 Evita estos cinco errores principales:

1. Intencionalmente no estar creciendo ni en carácter ni en habilidades.
2. Aprender a hacer un producto pero no aprender cómo hacer crecer un negocio.
3. Subestimar lo exigente que será el negocio en tu tiempo y energía.
4. Pensar que los negocios se basan en la codicia y pensar que son menos honorables que las profesiones que parecen ser más espirituales.
5. No anotar tu propósito de vida ni tampoco tus metas.

 ## *Desarrolla* estos cinco hábitos principales:

1. Prueba diferentes tipos de trabajo para ver cuáles usan tus talentos y con los que puedes bendecir a los demás.
2. Crea relaciones de confianza y de largo plazo en cada área de tu vida.
3. Toma muchos pequeños riesgos, sabiendo que el fracaso no disminuye tu identidad como hijo de Dios.
4. Haz proyectos que tarden mucho tiempo (meses o años) en completarse.
5. Lee y escribe todos los días.

 ## *Sigue* este ejemplo real hondureño:

Fausto Varela es el mejor ejemplo que conocemos en cualquier país de alguien que sigue los consejos de este módulo de ser un aprendiz de por vida. Es un hombre delgado con un perfil de alguien determinado y su cabello tiene rizos ligeramente salvaje, incluso se ve como alguien que está hambriento por aprender más y adquirir más conocimiento. Ciertamente devora libros sobre crecimiento personal y negocios más rápido que cualquier otra persona que conocemos. Pone en práctica lo que aprende y lo que le produce resultados asombrosos. Aquí está su historia en sus propias palabras (con edición de Carol McGehe). Por favor, escuche la resonancia de este módulo, especialmente "Crecer en carácter" y "Desarrolla tus habilidades comerciales."

Fausto con su familia

Fausto Varela: "Recuerdo haber tenido ideas de negocios desde la edad de 9 años. Cuando visité mi abuela un verano y vi su árbol de mango, dije "si tan sólo pudiera llevarme todos estos mangos de vuelta a casa, cortarlos, agregarle sal y especias, podría ganar mucho dinero vendiéndolos en Escuela." Así lo hice. Me fue tan bien que las autoridades escolares cerraron mi negocio porque estaba haciéndole competencia a la cafetería de la escuela! Así que me quedé un montón de mango con especias para comerme yo sólo. Todas mis locas ideas comerciales me metían en problemas, especialmente con mis profesores. Solo cuando conocí a mi esposa Jackie fue que encontré a alguien dispuesta a escuchar mis ideas, sin reírse de ellas o sin hacer muecas, y soñaba grandes sueños conmigo.

Como Jackie y yo ambos somos músicos, mi próximo intento de convertirme en emprendedor fue crear un negocio con Jackie que ayudará a los jóvenes músicos a participar en conciertos aquí en Honduras. Tenía la esperanza de que tener un negocio me ayudaría a salir de deudas que me estaban agobiando. A pesar de que ser estudiante era mi único "trabajo," pedí dinero prestado para ir a un festival de música, sin darme cuenta de que al regresar no tendría trabajo para pagar el préstamo. No tenía ninguna idea de cómo administrar el dinero.

Un día, poco después del concierto, vi el libro de finanzas personales y negocios que le había regalado a mi padre. Como nunca lo había leído, se lo arrebaté. Mientras esperaba un autobús, leí cinco capítulos y encontré exactamente la información que necesitaba! Tenía hambre de conocimiento. Finalmente salí de deuda con ideas de pequeñas empresas, tocando música y haciendo pequeños conciertos aquí y allá.

Con la ayuda de mi suegro, quien nos animó a confiar en Dios para guiar nuestras decisiones comerciales, comencé a obedecer Proverbios 3: 5 que dice: "Confía en el Señor de todo corazón y no te apoyes en tu propia prudencia. Reconócelo en todos tus camino, y Él enderezará tus veredas (caminos)." Llegar a ser empresarios maduros y crear riqueza ha sido un proceso de aprendizaje constante, mientras caminamos de la manos con Dios y dejamos que influya sobre nuestros corazones y mentes.

Abrimos nuestro negocio el 15 de febrero de 2010, bajo el nombre "Soli Deo Gloria School of Music" (que, en latín, significa "solo para Dios, la Gloria"). Empezamos con unos siete estudiantes en un área muy pequeña dentro de la iglesia a la que asistimos. Seguimos aprendiendo y crecimos a 12, y luego a 20 estudiantes. Después de hacer algunos cambios en nuestros sistemas y la contratación de maestros adicionales, crecimos a 27 estudiantes.

En este momento de nuestro crecimiento, escuché a Evan Keller (director de Creating Jobs Inc y autor principal de este libro) hablar en un seminario que nos llevó a formar parte del programa de tutoría Creating Jobs Inc hace en sociedad con nuestra iglesia, la Iglesia Cristiana Vida Abundante. Participamos en nuestra primera sesión de tutoría con Evan Keller y Larry McGehe en febrero de 2013. ¡Ese año, debido al programa de mentores, duplicamos la cantidad de estudiantes de lo que entonces era 44 a 88!

Para hacer crecer nuestro negocio, hemos tenido que aprender sobre muchos temas que no tienen nada que ver con música, tales como relaciones humanas, relaciones públicas, finanzas, mercadotecnia, ventas, contabilidad, procedimientos legales, producción, liderazgo, inteligencia emocional, ¡e incluso cómo lucir bien en la cámara! En verdad, la lista es interminable, de las cosas que hemos aprendido. Dios ha sido fiel y realmente disfrutamos este proceso de aprendizaje continuo. (¡Mis maestros de escuela secundaria se sorprenderían al oírme decir eso!)

Después de escuchar a otro hombre sabio en negocios, Jim Rohn, decir: "El ingreso rara vez supera el desarrollo personal," sabíamos que necesitábamos ser proactivos y desarrollar un plan para mejorar como personas.

En nuestro esfuerzo de convertirnos en empresarios exitosos, hemos tenido que aprender continuamente más y más. Curiosamente, cuanto más estudiamos, más nos damos cuenta de cuánto no sabemos. Seguimos reuniéndonos con mi suegro, pero también hemos buscado a otros mentores que puedan ayudar en áreas específicas. Nosotros asistimos a seminarios, leemos como locos y escuchamos valiosas grabaciones sobre desarrollo personal.

Hoy, mientras les cuento esta historia, nuestra escuela atiende a más de 120 estudiantes y mientras seguimos aprendiendo seguimos creciendo seguimos aprendiendo Soli Deo Gloria!"

Puedes ver cómo Fausto y Jackie viven a la perfección el consejo de este módulo de crecer diligentemente tanto tu carácter y como tus habilidades comerciales. Incluso sus excelentes talentos musicales demuestran que están comprometidos con desarrollar lo que Dios les ha dado. Su identidad en Cristo les da confianza para hacer grandes avances en los negocios. Ellos entienden el propósito bíblico de los negocios para satisfacer las necesidades del mundo, incluyendo la hermosa música que ayudan a sus estudiantes a crear.

 Hazlo con tu grupo:

Forma grupos de 3-4 personas con la mitad de los grupos autorizados a usar papel y lápiz mientras que los otros grupos no pueden usar ni lápiz ni papel. Cada grupo debe realizar esta tarea: sume la cantidad total de bordes en una: pirámide cuadrada, cúbica, triangular y de tres lados. Registra el tiempo que le lleva a cada grupo completar la tarea. ¿Los grupos con papel y lápiz trabajaron más rápido y por qué? ¿Cómo ayuda a mejorar el funcionamiento de nuestro cerebro el escribir las cosas?

Guía para el/la maestro/a: La respuesta numérica es: $4 + 12 + 3 + 6 = 25$. El dibujo nos ayuda a visualizar, y escribir números y palabras permite a nuestros cerebros cambiar el enfoque de la memoria a corto plazo al razonamiento. Cuando escribimos nuestros pensamientos, podemos unir nuestras ideas con más facilidad, mejoramos nuestra redacción y podemos desarrollar y explicar las ideas mejor. Cuando tenemos el hábito de escribir, simplemente levantar un bolígrafo o un teclado puede señalarle al cerebro que es hora de ser creativo.

Aplica este módulo con:

ORACIÓN – Pedirle a Dios una revelación más profunda de quién soy como objeto del amor inconmensurable de Dios. Pedirle a Dios que me muestre más de los talentos que me ha dado. Pedirle a Dios que cambie mi carácter para reflejar mejor a Jesús. Preguntarle a Dios que carácter debería tratar de emular. Pedirle a Dios que me muestre cómo mis habilidades se intersectan con las necesidades de su mundo. Pedirle a Dios que me muestre si me está llamando a hacer negocios.

INVESTIGACIÓN – Hacer un examen de personalidad tales como *Strengths Finder*, *Myers-Briggs*, o *DISC*. Investigar las habilidades y acreditaciones que se necesitan y como obtenerlas.

CREATIVIDAD – Anotar que riesgo puedo tomar para desarrollar mis talentos dado por Dios. Comenzar un nuevo hábito que Dios pueda usar para dar forma a mi carácter. Escribir el propósito de mi vida y luego obtener retroalimentación al respecto.

ACCIÓN – Comprar un cuaderno para guardar todas mis notas comerciales o encontrar una forma rápida de acceder a mis ideas de negocio en mi dispositivo electrónico. En tu cuaderno, toma el tiempo para escribir tus reflexiones sobre las siguientes preguntas sugeridas por Warren Buffett (la segunda persona más rica del mundo): ¿Quién te gustaría ser? ¿Quién es repulsivo para ti? Escribe las acciones y los rasgos de carácter subyacentes que ves en ambos. Decide en qué rasgos quieres crecer y cuales quieres eliminar. Andrés Panasiuk sugiere que hagas una lista de lo que tienes (oportunidades, relaciones y talentos) y que le preguntes a Dios cómo Él quiere usarlos (Buffett, Panasiuk, 2015).

CLIENTES – Preguntar a los clientes potenciales cuáles de los rasgos de carácter discutidos son más importantes para ellos en las personas con las que hacen negocios.

MENTORES – Pedirle a mis mentores que evalúen mi carácter y fortalezas. Identificar los rasgos de mis mentores que quiero emular y preguntarles cómo crecieron en esas áreas.

DINERO - Usar una pequeña cantidad de dinero para hacer sonreír a alguien esta semana luego reflexionar sobre lo que esto te enseñó sobre el dinero como una herramienta.

TIEMPO – Escoger uno de los 5 Hábitos Principales y empezar a practicarlos. Por 24 horas hacer un record de cada actividad y el tiempo que me tomó y luego escribir: lo que me sorprendió de como uso mi tiempo y que actividades eran urgentes y / o importantes. Decidir cuáles de las actividades que me están haciendo desperdiciar el tiempo puedo reducir o eliminar de mi semana. Tratar de guardar un día de reposo cada semana (coger un día Sabático). Decidir que sacrificios tendré que hacer si quiero empezar un negocio.

 Practica estos valores.

Integridad - Ser como Cristo en sus pensamientos y acciones es de lo que se trata la integridad. Con el poder de Dios, puedes crecer en carácter como se discute en este módulo. Esto hará que tanto tu negocio como tus relaciones personales sean más saludables y agradables.

Excelencia- Trabajar duro para desarrollar tus habilidades refleja el trabajo "muy bueno" de Dios. ¡Crecer la semilla del talento que Dios plantó en ti lo honra tanto como la adoración que ofreces en la iglesia!

Mayordomía- El don del tiempo de Dios es un tesoro inestimable que se da por hecho fácilmente. Mientras tengas el soplo de vida en ti, recuerda que estás representando a Dios. Así que usa tu tiempo sabiamente para glorificarlo.

Dignidad- Como el trabajo es un buen obsequio de Dios, hacer un buen trabajo te proporciona un sentido de propósito. Cuando ves que tu trabajo es parte de amar al prójimo, te recuerdas de quién eres: un hijo o una hija de un Dios que es amor.

 Evalúa el negocio de los adolescentes:

Revisa tus notas en este módulo. ¡Ahora imagina que eres un "coach" (asesor) de negocios profesional!

- Qué están haciendo bien Alejandro y María mientras se preparan para comenzar su tortillería?
- ¿Qué lecciones necesitan aprender?
- ¿Qué consejo les darías para que comiencen bien?

En Resumen:

Este módulo ha pintado la imagen de lo que es un empresario maduro. Reflexiona sobre si esto es quien realmente quieres ser. ¿Cómo de avanzado está usted y cómo vas a seguir creciendo? Liderarte a ti mismo es el primer paso para ser alguien que otros querrán seguir.

Usa tu Plan de *Start*Book:

Ahora que has completado este módulo, completa tu Plan de *Start*Book en la siguiente página. Piensa en lo que has aprendido y elige la meta más importante de este módulo para aplicar a tu negocio durante los próximos 12 meses. Escribe tu objetivo, tres acciones para lograr y las fechas para completar cada acción. Consulta tu Plan de *Start*Book a menudo como una herramienta para hacer crecer tu negocio.

Plan de *Start*Book

Síntesis del módulo: Aprende que es lo que hace a un emprendedor maduro. Evalúate y planifícate para crecer.

Mi meta # 1 de "Tú" en los próximos 12 meses:

Mis 3 pasos a seguir para cumplir ésta meta:

1.

Today's date: _____ Target completion date: _____ Actual completion date: _____

2.

Today's date: _____ Target completion date: _____ Actual completion date: _____

3.

Today's date: _____ Target completion date: _____ Actual completion date: _____

55

2. Solución

Síntesis del módulo: Crea una solución única para un problema real. Crea tu producto ó servicio con la retroalimentación de tus clientes. Crea sistemas para producir tu producto de manera eficiente y segura. Construye tu identidad comercial alrededor de esa solución.

Módulo 2: SOLUCIÓN

 Lee la sinopsis del módulo: Crea una solución única para un problema real. Crea tu producto o servicio con la retroalimentación de tus clientes. Crea sistemas para producir tu producto de manera eficiente y segura. Construye tu identidad comercial alrededor de esa solución.

 Observa ejemplos de adolescentes que necesitan consejos:

Después de hablar con un mentor, Alejandro y María decidieron preguntar a toda la gente que conocían que para ellos cómo era la tortilla perfecta. Escribieron cada respuesta en sus libretas, luego se reunieron dos días después para compartir las respuestas. Las ideas principales fueron: fresca, caliente, barata, crujiente / suave, no dulce, sin olores raros, un poco inflada, salada.

"¡Pero Alejandro, ya sé todo esto!," Se quejó María.

¿Por qué estamos perdiendo el tiempo preguntándole a la gente lo que les gusta?

Como dijiste, ¡soy la mejor cocinero que conoces! ¿Cuál es el punto de esto? ¡Sólo comencemos!

Discute: ¿qué podrían hacer Alejandro y María para obtener información valiosa de parte de su comunidad?

Lección 2A: *Elige* un problema para resolver

 Sigue los consejos de los expertos (*Elige* un problema para resolver):

Los emprendedores son capaces de resolver problemas y satisfacer necesidades. Pon atención y escucha de lo que tú y los demás se quejan. Busca los "deseos" y las "necesidades" en tu comunidad y habla con la mayor cantidad de gente posible sobre su experiencia con este problema. Haz una lista de estos problemas y piensa en posibles soluciones con tus amigos, familiares y mentores, anotando tus mejores ideas (¡por supuesto!). Si las personas ya pagan algo por un tipo de solución para el problema que escogiste, hay una mayor probabilidad de que sea lo suficientemente importante como para resolverlo. Busca mejorías o alternativas a esas soluciones existentes. Estudia las fortalezas y debilidades de estas soluciones.

Elige uno de los problemas que hayas identificado (1) que moleste la suficiente cantidad de personas para crear un negocio, (2) has encontrado una gran solución, y (3) puedes prepararte para solucionar en un futuro próximo. Incluso aunque hayas identificado exitosamente una solución por la cual muchas personas se desprenderían de su dinero, no hay garantía de que seas la mejor persona para proporcionar esa solución. Quizás puedas tener o no las habilidades, herramientas, capital, materiales o conocimiento para producirlo con éxito. Está bien aprender sobre la marcha, pero asegúrate de elegir algo con lo que pueda competir con bastante rapidez. Sé ambicioso y realista *al mismo tiempo*.

Pregúntate (*Elige* un problema para resolver):

¿Cuáles son algunos problemas de que la gente se quejan?

_____

_____

¿Cuáles son algunas posibles soluciones?

_____

_____

¿Cómo se está abordando o lidiando actualmente con estos problemas?

_____

_____

¿Cómo de satisfactorias son estas soluciones actuales?

_____

_____

¿Para qué problema he encontrado una solución innovadora?

_____

_____

¿Tengo las habilidades y herramientas para producir esta solución?

_____

_____

 Meditada en estas escrituras (*Elige* un problema para resolver):

La solución de un problema comunitario crea relaciones sólidas con muchos vecinos. Marcos 12:31: *"Y el segundo es semejante: Amarás a tu prójimo como a ti mismo. No hay otro mandamiento mayor que estos."*

_____

Lección 2B: *Encuentra* tu valor único

 Sigue los consejos de los expertos (*Encuentra* tu valor único):

Explora si hay alguna ventaja en producir la solución necesaria, tal como una fuente económica de materiales o herramientas de calidad. Para Ruy Gómez Gutiérrez, es ofrecer producto de calidad a un precio más económico, algo que es difícil de lograr. Él es el dueño de Signia en Querétaro, México. Buscó arduamente hasta que encontró un proveedor local de bobina de aluminio para producir grandes letras de canal para los letreros de sus clientes. Cuando encontró un proveedor local de aluminio, pudo atender a sus clientes mucho más rápido sin todos los engorrosos procedimientos de importación. Mejor aún, ¡redujo su costo de material en un 85%! Pudo bajar sus precios y convertirse en el principal proveedor de este tipo de letreros en su región, mientras aumentaba sustancialmente su margen de ganancia. Pudo apoyar su economía local y reducir los costos de transporte inútiles.

Ruy en el centro, con los mentores de Creating Jobs Inc mentores Manny De La Vega a su derecha y Evan Keller a su izquierda

Tal vez tu ventaja es que tu ubicación está cerca de tus clientes o que un amigo o familiar te esté ofreciendo un lugar sin alquiler por un período de tiempo. Tal vez tengas habilidades superiores, mejores procesos, una receta secreta, una comunicación profesional o un servicio al cliente muy especial.

Pregúntate (*Encuentra* tu valor único):

¿Qué ventajas tengo sobre mis competidores?

_____

_____

¿Cómo puedo poner esas ventajas a trabajar para construir mi negocio y satisfacer a mis clientes?

_____

_____

 Meditada en estas escrituras (*Encuentra* tu valor único):

Es profundamente satisfactorio hacer lo mejor para servir a los demás. 1 Pedro 4:10: *"Cada uno según el don que ha recibido, minístrelo a los otros, como buenos administradores de la multiforme gracia de Dios."*

Un mayordomo fiel pone a trabajar los talentos de Dios para crear más valor. Mateo 25: 20-21: *Y llegando el que había recibido cinco talentos, trajo otros cinco talentos, diciendo: Señor, cinco talentos* *me entregaste; aquí tienes, he ganado otros cinco talentos sobre ellos. Y su señor le dijo: Bien, buen siervo y fiel; sobre poco has sido fiel, sobre mucho te pondré; entra en el gozo de tu señor."*

Lección 2C: *Investiga* si los clientes te pagaría por tu solución escogida

Sigue los consejos de los expertos (*Investiga* si los clientes te pagaría por tu solución escogida):

Antes de gastar mucho tiempo y dinero en el desarrollo de tu producto, pregúntale a *cientos* de personas cuáles de las posibles soluciones preferían y cuánto estarían dispuestos a pagar por ellas. No es suficiente que te gusten tus ideas; los clientes tienen que estar dispuestos a pagar a un precio que tu puedas rentablemente ofrecer en *vez de* a un precio disponible actualmente. El 42% de las nuevas empresas fracasan porque no hay suficiente demanda de las soluciones que ofrecen. Según la revista *Fortune*, ¡esta es la razón *principal* por la que las nuevas empresas fracasan (Griffith, 2016)!

¿Cómo te diferencias tú?

Pregúntate (*Investiga* si los clientes te pagarían por tu solución escogida):

¿Qué solución realmente quiere la gente - mi propuesta o una que ya está disponible?

_____

_____

¿Hay suficientes personas que realmente quieren lo que ofrezco? Si les gusta mi idea, ¿cuánto están dispuestos a pagar por ella?

_____

_____

¿Puedo producirlo entre 20 y 50% menos que eso?

_____

_____

¿Por qué van a comprármela a mí?

_____

_____

¿Cuántos clientes potenciales han dicho que me comprarían a un precio rentable?

_____

_____

Meditada en estas escrituras
(*Investiga* si los clientes te pagaría
por tu solución escogida):

Es una naturaleza humana sobreestimar el valor de sus propias ideas y trabajo. *Romanos 12: 3: "Digo, pues, por la gracia que me es dada, a cada cual que está entre vosotros, que no tenga más alto concepto de sí que el que debe tener, sino que piense de sí con cordura, conforme a la medida de fe que Dios repartió a cada uno."*

Lección 2D: *Diseña* tu solución tomando en cuenta la retroalimentación de tus clientes

Sigue los consejos de los expertos (*Diseña* tu solución tomando en cuenta la retroalimentación de tus clientes):

Piensa y trabaja día y noche para hacer que tu producto sea increíble. Pero no lo mantengas en secreto hasta que pienses que esté perfecto, ya que lo que te gusta no siempre es lo que les gusta a tus clientes. Para mantenerte en contacto con lo que es importante para ellos, muéstralo a varios de ellos y obtén sus comentarios cada vez que realices una mejora o tengas una nueva idea. De esta manera, tus clientes participarán en el diseño de los productos que comprarán. ¿A quién no le gustaría que crearán algo pensando en ellos? Es por eso que les pedimos a los adolescentes hondureños comentarios sobre este libro antes de crear la versión final. "Luego, después de que tus clientes compren y usen tu producto, sus comentarios serán aún más útiles para ti" (Lee Murray).

Si eres un chico, obtén la perspectiva de una chica y viceversa. Reflejamos la imagen de Dios quien nos dijo que creáramos y gobernáramos juntos, por lo que tiene mucho sentido que diseñamos mejores productos y servicios como equipo. Intencionalmente lo hicimos al construir nuestro equipo de autores para escribir este libro para ti.

 Pregúntate (*Diseña* tu solución tomando en cuenta la retroalimentación de tus clientes):

¿Quiénes son 10 personas que puedan estar interesadas en mi producto o servicio?

_____

_____

¿Estarían dispuestos a darme retroalimentación mientras lo diseño?

_____

_____

¿Quién del sexo opuesto podría darme información o su perspectiva en el diseño de mi producto?

_____

_____

68

Medita da en estas escrituras (*Diseña* tu solución con la contribución de tus clientes):

Invitar a muchos comentarios de usuarios reales es la mejor manera de evaluar tus productos. Proverbios 15:22: *"Los pensamientos son frustrados donde no hay consejo; Mas en la multitud de consejeros se afirman."*

Lección 2E: *Produce* tu solución eficientemente

 Sigue los consejos de los expertos (Produce tu solución eficientemente):

Trabaja constantemente para proporcionar tu producto o servicio con menos pérdida de tiempo y materiales. La producción inútil es una manera rápida de que tu negocio quiebre, ya que ni tú ni tu cliente quieren pagar por el desperdicio: no ganarías dinero con un precio bajo y perderías clientes con un precio demasiado alto. Un buen negocio crea valor, hacer mucho con lo poco. Este es un reflejo débil pero verdadero de tu Creador, el único que puede crear algo de la nada. Tú combinas cosas que Él ha creado con tus ideas y esfuerzo (que también son regalos de Él) para hacer algo nuevo. ¡Qué privilegio! Si puedes encontrar formas de hacer más con menos, obtendrás más dinero y podrás ofrecer un precio competitivo a tus clientes. ¡Y todos estarán felices! Así es como deberían ser las empresas: que cada transacción sea buena para ambas partes.

 Pregúntate (*Produce* tu solución eficientemente):

¿Qué tipos de desechos aumentan el costo de fabricación de mi producto?

_____

_____

¿Cómo puedo reducir este desperdicio?

_____

_____

¿Puedo hacer mi producto eficientemente para poder venderlo al mismo costo que los productos de mis competidores?

_____

_____

¿Son mis soluciones tan superiores que los clientes están dispuestos a pagar más por ellas?

_____

_____

¿Cuáles son los ingredientes claves que crean valor para mis clientes?

_____

_____

 Meditada en estas escrituras (*Produce* tu solución eficientemente):

Trabajar de manera más inteligente trae más por su esfuerzo. Eclesiastés 10:10: *"Si el hierro es directo, y uno no afila el borde, debe usar más fuerza, pero la sabiduría nos ayuda a tener éxito."*

_____

Lección 2F: *Mejora* mediante el uso de sistemas

 Sigue los consejos de los expertos (*Mejora* mediante el uso de sistemas):

A medida que encuentres formas eficientes de producir tus productos y servicios, escribe los pasos en orden que ocurran para que tú y tus empleados puedan hacerlo siempre con excelencia. Los sistemas escritos ayudan a tus empleados a hacer las cosas a tu manera, así que capacítalos y obtén sus comentarios al menos dos veces al año para actualizar tus sistemas. Los buenos sistemas también pueden hacer que su lugar de trabajo sea más ordenado y seguro. Si tus empleados utilizan tus sistemas para producir tus productos, los clientes apreciarán recibir productos predecibles. Cuando tus clientes saben que tus productos son consistentemente de alta calidad, su confianza en ti aumenta y ellos sigan regresando a ti. Los sistemas para producir tu solución pueden incluir: recetas, instrucciones de ensamblaje, procedimientos de seguridad, calendario de compras de suministros, cronograma de producción, proceso de control de calidad y pasos de envío.

 Pregúntate (*Mejora* mediante el uso de sistemas):

¿Cuáles son los mejores pasos para crear mi producto?

_____

_____

¿Qué sistemas impulsarán el orden, la eficiencia y la seguridad?

_____

_____

¿Cómo me comunicaré y capacitaré a mis empleados para usar mi sistema de producción?

_____

_____

¿Con qué frecuencia actualizaré mi sistema de producción tomando en cuenta la retroalimentación de mis empleados?

_____

_____

¿Reciben mis clientes un nivel constante de calidad?

_____

_____

 Meditada en estas escrituras (*Mejora* mediante el uso de sistemas):

Dios hace todas las cosas en orden. 1 Corintios 14:33: *"Pues Dios no es Dios de confusión, sino de paz."*

_____

Lección 2G: *Crea* tu identidad comercial para compartir tu solución

 Sigue los consejos de los expertos (*Crea* tu identidad comercial para compartir tu solución):

Ahora que ya sabes lo que quieren tus clientes, elige un nombre comercial, un eslogan y un logotipo que comuniquen claramente la solución que has creado para ellos. Con un rápido vistazo a tu logotipo, las personas deberían saber qué puedes hacer para ayudarlos. Hazlo pensando en *ellos*, no en ti. Entonces, nombre a tu empresa enfocado a la solución, ¡no a ti! Elige un eslogan que no sea una rima insólita; la gente quiere hacer negocios con profesionales, no con payasos. Hazlo corto y deja que exprese el valor único que ofreces. Haz un logotipo que sea legible en tamaños pequeños y a altas velocidades. Mantén las gráficas (imágenes) simples y que comunique poderosamente a primera vista. Tu logotipo no puede explicar todo sobre tu negocio, solo que cree una buena impresión. "Los empresarios intentan decir demasiado con sus logotipos y terminan sin decir nada porque no captan ni mantienen la atención" (Keller, 2015, p.79). "Si dices tres cosas, no dices nada" (Heath & Heath, 2008, p.33).

 Pregúntate (*Crea* tu identidad comercial para compartir tu solución):

¿Qué nombre comercial sería el mejor para comunicar mi solución, usando una a tres palabras y ser sorprendente?

_____

_____

¿Qué eslogan capturaría la esencia de mi solución en una sola frase?

_____

_____

¿Qué tipo de letras y gráficas (imágenes) crearían instantáneamente la mejor impresión de mi negocio?

Meditada en estas escrituras (*Crea* tu identidad comercial para compartir tu solución):

Abordar las necesidades de los clientes en su marca los pone en primer lugar. Filipenses 2: 3- 4: *"Nada hagáis por contienda o por vanagloria; antes bien con humildad, estimando cada uno a los demás como superiores a él mismo; no mirando cada uno por lo suyo propio, sino cada cual también por lo de los otros."*

 Observa adolescentes que siguen consejos:

"Bien, María, ¡tienes razón!" dijo Alejandro. "¡Sabes cómo hacer las mejores tortillas! Entonces vamos a preguntarle a nuestros amigos mejores preguntas para obtener las respuestas que realmente necesitamos para tener éxito."

María se desanimó de perder dos días preguntando a la gente como cocinar tortillas, algo que ella ya sabía cómo hacer. "No sé. ¿Cómo qué?" ella preguntó.

Alejandro pensó por un minuto. "¿Por qué no preguntamos a nuestros amigos *cuándo compran* tortillas y *por qué* compran tortillas?"

María dijo," Pero creo que es sólo una comida. Lo compras para el desayuno o el almuerzo, o la cena, o tarde en la noche. ¿Cómo ayudará saber eso?

Ambos se sentaron en silencio, tratando de descubrir como hacer algo mejor que los miles de otras tortillerías en su ciudad. Parecía que ya se habían tomado todas las buenas ideas.

Finalmente María dijo, "Ok, Alejandro, tengo una idea. Preguntémosle a la gente como sería la tortillería de sus sueños. La mejor de todos, su favorita. No quiero ser como la cientos de tortillerías que son baratas, ofrece el mismo menú simple y aburrido, tampoco quiero comenzar antes de que salga el solo y cerrar hasta que mi pies no aguanten más. Quiero hacer algo nuevo e increíble."

"¡Eso es!," exclamó Alejandro. "Si descubrimos lo que las personas desearían comprar y tener en una tortillería, pero no pueden, entonces podemos ser los únicos en la ciudad! Todo el mundo hablaría de nuestras nuevas ideas y sabores. ¡Seremos un éxito! ¡Vamos a intentarlo!"

 Evita estos cinco errores principales:

1. Asumir que todos querrán tu producto o servicio lo suficiente para pagar por ello.
2. Creer que tu producto es superior a la mayoría de los demás con muy poca evidencia para demostrarlo.

3. Elegir un nombre comercial que no comunique la solución que ofrece, incluso nombrarlo con tu nombre.
4. Hacer un logo demasiado detallado y haciéndolo así de un impacto visual muy bajo.
5. Hacer un lema lindo en vez de profesional.

 ## *Desarrolla* estos cinco hábitos principales:

1. En lugar de tratar de perfeccionar un producto en secreto, obtén retroalimentación de los clientes durante todo el proceso de diseño.
2. Continuamente mejora tus productos
3. Divide tus procesos en pasos y escríbelos.
4. Mejora tus procesos cuatro veces al año.
5. Busca con frecuencia y con regularidad desperdicios para eliminar.

 ## *Sigue* este ejemplo real hondureño:

A pesar de que es bastante amigable, Saúl Contreras te mirará fijamente a los ojos como si pudiera ver tu ¡alma! Está dedicado a su esposa y sus dos hijos pequeños, y también se toma muy en serio el analizar y mejorar su negocio. Él aplicó esa determinación para encontrar la verdadera necesidad y diseñó una gran solución por lo que las personas estaban dispuestas a pagar. Aquí está su historia en sus propias palabras como le dijo a Odile Pérez.

Saúl con su esposa

Saúl Contreras: *"La idea de mi empresa surgió cuando vi una necesidad que no se estaba satisfaciendo. En ese momento, con frecuencia visitaba la pequeña empresa de fontanería de mi ex-suegro y me di cuenta de que muchos de sus clientes estaban llamando para solicitar servicio de limpieza y tratamiento para sus tanques de almacenamiento de agua potable. Sin embargo, su empresa no tenía la capacidad de resolver este problema.*

Para explorar más a fondo este problema, comencé a hacer estudios de mercado y descubrí que solo había una compañía que ofrecía estos servicios y que la mayoría de la demanda provenía de la clase media alta. Para tener claridad total de la necesidad, con el permiso de mi ex-suegro, contacté a cientos de sus clientes para definir sus necesidades. En base de las respuestas de sus clientes, diseñé una solución que ofreciera un servicio confiable y profesional. En 2001, comencé un negocio llamado Ser Móvil para proporcionar servicios de limpieza, control de plagas y tratamiento de aguas residuales.

Desde el principio, estaba decidido a brindar un valor único a mis clientes. Para distinguirlos en el mercado, utilizamos equipos modernos, detergentes biodegradables y productos que son ambientalmente seguros. Al ofrecer productos de alta calidad, al tener uniformados y profesionales, nos hemos diferenciado de otras compañías y, por lo tanto, hemos creado nuestro nicho. Para mantener nuestra ventaja competitiva, mejoramos constantemente nuestros sistemas y encuestamos a nuestros clientes para garantizar su satisfacción. Esto nos ha permitido seguir creciendo no sólo en Tegucigalpa sino también en otras ciudades, adquirir un lugar nuevo y más grande, comprar nuevos vehículos de trabajo y emplear más personal.

A medida que creció mi relación con Dios, me di cuenta de que a Él le importa cómo nos preocupamos por la Tierra con la cuál nos ha confiado. Al proporcionar productos seguros para el medio ambiente que no dañarán a mis clientes, Dios está satisfecho y yo soy un fiel mayordomo de los suyos. Para que les quedará más claro a los clientes quienes somos y que ofrecemos, cambiamos nuestro nombre comercial en 2017 de Ser Móvil a Ecosoluciones. Nuestro objetivo es seguir identificando las necesidades ambientales y ofrecer soluciones que permitan que nuestros clientes regresen a nosotros."

En lugar de comenzar con un hobby que disfrutaba, Saúl primero buscó lo que otras personas querían que no estuviera disponible. Esa es la señal de un verdadero emprendedor. Buscó la retro-alimentación de los clientes para diseñar y mejorar sus servicios. Saúl descubrió lo que las personas no podían encontrar en sus competidores para crear el valor único de su empresa. Tenga en cuenta que Saúl está tan enfocado en satisfacer las necesidades de sus clientes que incluso su nombre comercial incluye la palabra "soluciones," así como el tipo de soluciones ("eco") que sus clientes quieren.

Hazlo con tu grupo:

Después de aprender del mejor zapatero de la zona, Lily Flores está comenzando un negocio para hacer zapatos para los residentes de Flor del Campo. Es una vecindario de personas con pocos recursos económicos, pero que desean tener los zapatos al último grito de la moda a precios asequibles. El vecindario está construido en una empinada ladera sobre un río sinuoso y un puente largo. ¿Cuál es un buen nombre y lema para su negocio? Haga una lista de las tres ideas principales del grupo para cada una, luego voten por cuál es la mejor. ¿Cómo de bien aplica el nombre escogido y eslogan sigue los consejos de los expertos en la sección "Crea tu identidad comercial para compartir tu solución" (lección 2G).

Guía para el/la maestro/a: Familiarícese con la sección de los consejos de los expertos mencionada anteriormente que hace hincapié en elegir un nombre comercial que se refiera más al cliente que al empresario. Ésta sección aconseja elegir un eslogan que comparta el valor único de una manera profesional.

Aplica este módulo con:

ORACIÓN – Pedirle a Dios que me muestre que problemas Él quiere que yo solucione y buscar su creatividad al hacerlo.

INVESTIGACIÓN – Aprender acerca de los problemas que tiene la gente.

CREATIVIDAD – Anotar tres problemas que me interesan y cinco posibles soluciones para cada uno. Escribir un sistema paso a paso para producir mi producto. Escribir cinco nombres comerciales, cinco eslóganes y cinco conceptos de logotipo.

ACCIÓN - Reunirme con amigos interesados en el negocio para hacer un bosquejo y discutir ideas de posibles soluciones.

CLIENTES - Preguntarles a un montón de clientes potenciales si les gusta mi solución y cuánto estarían dispuestos a pagar por ello. Obtener su opinión en cuanto al diseño del producto.

MENTORES - Pedirle su opinión honesta de cuantas personas ellos creen que querrán mi solución lo suficiente para pagar suficiente dinero por ello.

DINERO - Anotar cada compra que hago esta semana, ¿Qué problema soluciona cada uno, y cómo esa solución es mejor que otras opciones disponibles?

TIEMPO - Bloquear un espacio de tiempo para pensar y anotar posibles soluciones. Tiempo de bloqueo para pedir comentarios a los clientes sobre posibles soluciones.

 Practica estos valores:

Integridad- Cuando todos los días vives según tu lema de vida, entonces eres quien dices ser. Esto ayuda a los clientes a confiar en ti.

Excelencia- Usar sistemas hacen que tus productos estén al mismo nivel de calidad todo el tiempo. Estos dos hábitos te ayudan a seguir mejorando cada día, lo que es reflejo tenue de la perfección de Dios.

Mayordomía- Como la creación de Dios es buena, no debes desperdiciarla. Honras a Dios cuando combinas las habilidades, el tiempo y las herramientas que te ha dado para crear una solución útil. Estás imitando a Dios al llevar todo lo que Él ha creado a su máximo potencial.

Dignidad- Cuando respetas las necesidades de tus clientes, honras la dignidad que Dios les ha dado. Cuando ofreces un valor único a tus vecinos, demuestras que Dios te ha diseñado como una persona única.

 ## *Evalúa* el negocio de los adolescentes:

Revisa tus notas en este módulo. Como "coach" (asesor) de negocios profesional, imagina que estás sentado para dar retroalimentación a Alejandro y María en sus esfuerzos iniciales de investigación.

- •¿Cómo los alentarías?
- •¿Qué preguntas les harías?
- •¿Qué ideas recomendarías que consideren intentar?

En Resumen:

¡Qué alegría y gozo ser parte de la respuesta de Dios a las oraciones por el pan diario! A través de ti, Él brinda a las personas productos, servicios y trabajos que los ayudan a prosperar. Imita a tu Creador resolviendo problemas y creando algo nuevo que sea hermoso y útil.

Usa tu Plan de *Start*Book:

Ahora que has completado este módulo, completa tu Plan de *Start*Book en la siguiente página. Piensa en lo que has aprendido y elige la meta más importante de este módulo para aplicar a tu negocio durante los próximos 12 meses. Escribe tu objetivo, tres acciones para lograr y las fechas para completar cada acción.

Consulta tu Plan de *Start*Book a menudo como una herramienta para hacer crecer tu negocio.

Plan de *Start*Book

2. Solución

Síntesis del módulo: Crea una solución única para un problema real. Crea tu producto ó servicio con la retroalimentación de tus clientes. Crea sistemas para producir tu producto de manera eficiente y segura. Construye tu identidad comercial alrededor de esa solución.

Mi meta # 1 de "Solución" en los próximos 12 meses:

Mis 3 pasos a seguir para cumplir ésta meta:

1.

La fecha de hoy:_____. Fecha ideal para cumplir la meta:_____. Fecha de cuando se cumplió la meta:_____.

2.

La fecha de hoy:_____. Fecha ideal para cumplir la meta:_____. Fecha de cuando se cumplió la meta:_____.

3.

La fecha de hoy:_____. Fecha ideal para cumplir la meta:_____. Fecha de cuando se cumplió la meta:_____.

3. Gente

Síntesis del módulo: Aprecia y aprende de éstos grupos de personas que son vitales para tu éxito. Construye relaciones de confianza y de beneficio mutuo (ganar-ganar).

Módulo 3: GENTE

 Lee la sinopsis del módulo: Aprecia y aprende de estos grupos de personas que son vitales para tu éxito. Construye relaciones de confianza y de beneficio mutuo (ganar-ganar).

 Observa adolescentes que necesitan consejos:

No le tomó mucho tiempo para Alejandro perdiera su temperamento. Mientras hablaba con María, se levantó de su asiento y comenzó a pasearse furiosamente por la habitación. "¡No puedo creerlo! Se nos ocurrió esta gran idea para crear la tortillería soñada, fuimos a preguntar a todos sobre nuestra idea, pero antes de que siquiera abriéramos el negocio, ¡alguien nos robó nuestras ideas! ¡Ahora la tortillería frente a nuestra escuela tiene la tortilla "Soñada" a la venta!"

María estaba callada. Ella también estaba molesta, pero no vio la necesidad de gritar por ello. "Alejandro, lo ocurrido es realmente malo. Tal vez necesitamos otra gran idea. No sé qué hacer, pero gritar contra las paredes no resolverá nuestro problema."

Alejandro respire profundamente. "María, vale, vale, vale... vale. Oremos. ¡Y luego descubriremos que hacer!"

Lección 3A: *Trata* a las personas de acuerdo a la dignidad que Dios les ha dado

 Sigue los consejos de los expertos (*Trata* a las personas de acuerdo a la dignidad que Dios les ha dado):

Como Dios creó a las personas a su propia imagen, les importa a Dios sobre todas las cosas. Dado que Dios define nuestra realidad, nosotros también debemos valorar a las personas y tratarlas de manera que honren la dignidad que Dios les ha dado. Cuida de *ellos* y no sólo pienses en lo que puedes ganar *de* ellos. Respeta tu tiempo, tus responsabilidades familiares y tu trabajo, aún si tienes un rol no muy alto/calificado. Sé justo en tus relaciones financieras con ellos. Dado que la forma en que manejas el dinero revela tu corazón, dirige tu corazón siendo generoso. Recuerda que Jesús resumió toda la ley de Dios en el mandamiento de amar a Dios y amar a su prójimo (Mark 12:31). También enseñó y demostró que una forma primaria de amar a Dios *es* amando a nuestro prójimo.

 Pregúntate (*Trata* a las personas de acuerdo a la dignidad que Dios les ha dado):

¿Veo a las personas de forma diferente a como lo hace Dios?

_____

_____

88

¿A quién trato más como una máquina que como una persona?

_____

_____

¿A quién debo pedir que me perdone?

_____

_____

¿Cómo puedo mostrar a los demás mi amor con mi tiempo, dinero y palabras?

_____

_____

 Meditada en estas escritura (*Trata* a las personas de acuerdo a la dignidad que Dios les ha dado):

Ponerse en el lugar de los demás (ponerte en los zapatos de otros). Lleva a crear relaciones de beneficio mutuo (ganar-ganar). Mateo 7:12: *"Así que, todas las cosas que queráis que los hombres hagan con vosotros, así también haced vosotros con ellos; porque esto es la ley y los profetas."*

El alto estándar de relación de Cristo se aplica a su negocio. Marcos 12:31: *" Y el segundo es semejante: Amarás a tu prójimo como a ti mismo. No hay otro mandamiento mayor que estos."*

La cruz aumenta la dignidad de todo lo que encuentras. 2 Corintios 5:14: *"Porque el amor de Cristo nos constriñe, pensando esto: que si uno murió por todos, luego todos murieron. "*

Conocer a Dios lo motivará a ser justo con sus empleados y abogar por los vulnerables. Jeremías 22: 13-16: " ¡Ay del que edifica su casa sin justicia, y sus salas sin equidad, sirviéndose de su prójimo de balde, y no dándole el salario de su trabajo! Que dice: Edificaré para mí casa espaciosa, y salas airosas; y le abre ventanas, y la cubre de cedro, y la pinta de bermellón. ¿Reinarás, porque te rodeas de cedro? ¿No comió y bebió tu padre, e hizo juicio y justicia, y entonces le fue bien? El juzgó la causa del afligido y del menesteroso, y entonces estuvo bien. ¿No es esto conocerme a mí? dice Jehová."

Encuentre más de un buen proveedor en caso de que uno se ponga mal. Eclesiastés 11:1-2: *"Echa tu pan sobre las aguas; porque después de muchos días lo hallarás. Reparte a siete, y aun a ocho; porque no sabes el mal que vendrá sobre la tierra."*

Lección 3B: *Encuentra* los mejores proveedores

 Sigue los consejos de los expertos (*Encuentra* los mejores proveedores):

Si horneas pan, necesitarás comprar harina y levadura. Antes de comprarle a alguien, pregúntale a otros compradores sobre su experiencia con esta persona y luego tú mismo entrevista a la persona. Comienza con una orden pequeña para ver si son confiables y al mismo tiempo haz lo que dijiste que ibas a hacer. A medida que te ganes su confianza, demuestra que eres un cliente de bajo riesgo. Debido a esto, ellos quizás podrán darte mejores términos (crédito, velocidad, precio). Siempre ten dos proveedores diferentes para cada tipo de material que compres. Haz que el mejor proveedor sea el principal y compra menos de tu proveedor secundario. Esto los mantienen honestos y les permite competir por tu negocio. Si tu principal proveedor de levadura llega tarde a sus entregas o aumenta demasiado sus precios sin una buena causa, convierte a tu otro proveedor en el proveedor primario.

 Pregúntate (*Encuentra* los mejores proveedores):

¿Qué necesitaré comprar para crear mis productos y llevarlos a mis clientes?

_____

_____

¿De quién compraré estos suministros?

_____

_____

¿Son honestos, justos, confiables y de fácil acceso?

_____

_____

¿Venden productos de calidad?

_____

_____

¿Cómo elegiré un proveedor primario entre dos personas que suministran los mismos materiales?

_____

_____

¿Qué acciones mías se ganarán su confianza?

_____

_____

Cuando lo obtenga, ¿pediré un crédito, un mejor precio o una entrega más rápida?

_____

_____

 Meditada en estas escritura
(_Encuentra_ los mejores provedores):

Encuentre más de un buen proveedor en caso de que uno se ponga mal. Eclesiastés 11:1-2: "_Echa tu pan sobre las aguas; porque después de muchos días lo hallarás. Reparte a siete, y aun a ocho; porque no sabes el mal que vendrá sobre la tierra._"

Lección 3C: *Respeta* y aprende de tus competidores

 Sigue los consejos de los expertos (*Respeta* y aprende de tus competidores):

Descubre quién es el mejor en tu industria y aprende de ellos. A veces los observarás desde lejos, pero en algunos casos podrás construir una relación amistosa con ellos. Quizás desees emular sus mejores prácticas, pero si copias demasiado perderás lo que te hace único.

Comprométete a nunca hablar mal de tus competidores con tus clientes; en vez concéntrate en destacar y deja que tus clientes sean jueces por si mismos. Los clientes te respetarán por tu discreción y es posible que algún día necesites un favor de un competidor.

Es común que los emprendedores se quejen de que hay demasiados competidores, pero hay razones para estar agradecidos por ellos (los competidores): Ellos demuestran que hay una gran necesidad de la solución que ofreces, ¡eso es una muy buena noticia! Además, te mantienen en "alerta," te motivan a seguir luchando por ser excelente y ganarte a los clientes. Si proporcionas los mejores productos y creas una reputación de ser confiable, tu negocio crecerá independientemente de la competencia.

Cuando los competidores (clientes o suplidores) te maltraten, es una oportunidad para demostrar tu fe en Jesús, quien nos dice que amemos a nuestros enemigos y hagamos bien a quienes nos maltratan (Mateo 5:44).

 Pregúntate (*Respeta* y aprende de tus competidores):

¿Quiénes son mis principales competidores?

_____

_____

¿Cuáles son sus fortalezas y debilidades?

_____

_____

¿Cómo puedo exceder lo que otros ofrecen?

_____

_____

¿Cómo necesito ajustar mi forma de hablar sobre ellos y mi perspectiva hacia ellos?

_____

_____

¿Puedo sinceramente agradecer a Dios por mis competidores y desearles lo mejor?

¿Qué bien puedo hacerle a un competidor que me ha lastimado?

 Meditada en estas escrituras (*Respeta* y aprende de tus competidores):

Incluso si te hacen mal, busca una relación positiva con los competidores. Romanos 12:17-19: "*No paguéis a nadie mal por mal; procurad lo bueno delante de todos los hombres. Si es posible, en cuanto dependa de vosotros, estad en paz con todos los hombres. No os venguéis vosotros mismos, amados míos, sino dejad lugar a la ira de Dios; porque escrito está: Mía es la venganza, yo pagaré, dice el Señor.*"

Los malvados no tienen poder duradero sobre ti. Proverbios 24: 19-20: "*No te entremetas con los malignos, Ni tengas envidia de los impíos; Porque para el malo no habrá buen fin, Y la lámpara de los impíos será apagada.*"

Lección 3D: *Encuentra* colegas que te apoyen

 Sigue los consejos de los expertos (*Encuentra* colegas que te apoyen):

Establece relaciones con otros emprendedores que puedan ofrecerse mutuamente apoyo y para poder compartir conexiones. Especialmente busca personas en industrias similares pero no en tu misma industria. Estas personas pueden estar en tu centro de Compasión Internacional o en un grupo social (de *Networking*). Los proveedores pueden ser buenos compañeros para dar y recibir ayuda. Desarrollar un negocio es una tarea difícil que la mayoría de las personas que trabajan en un empleo tradicional no pueden entender, por lo que encontrar a otros que compartan tus alegrías y desafíos será un regalo del cielo.

 Pregúntate (***Encuentra*** colegas que te apoyen):

¿Quién está en una etapa similar en el negocio a la mía?

_____

_____

¿Confío en ellos y siento una conexión personal con ellos?

_____

_____

¿Cómo puedo ser intencional en la construcción de una relación de apoyo con estos compañeros?

_____

_____

Meditada en estas escrituras
(*Encuentra* colegas que te apoyen):

El apoyo mutuo es una forma en que Dios muestra su amor hacia ti y a través de ti. Romanos 12:15: *"Gozaos con los que se gozan; llorad con los que lloran."*

Las cargas pesadas de los negocios son más ligeras cuando se comparten. Gálatas 6: 2: *"Llevaos las cargas los unos a los otros, y así que cumple la ley de Cristo."*

Tus dones están destinados a servir a los demás. Romanos 12: 3-8: *"Digo, pues, por la gracia que me es dada, a cada cual que está entre vosotros, que no tenga más alto concepto de sí que el que debe tener, sino que piense de sí con cordura, conforme a la medida de fe que Dios repartió a cada uno. Porque de la manera que en un cuerpo tenemos muchos miembros, pero no todos los miembros tienen la misma función, así nosotros, siendo muchos, somos un cuerpo en Cristo, y todos miembros los unos de los otros. De manera que, teniendo diferentes dones, según la gracia que nos es dada, si el de profecía, úsese conforme a la medida de la fe; o si de servicio, en servir; o el que enseña, en la enseñanza; el que exhorta, en la exhortación; el que reparte, con liberalidad; el que preside, con solicitud; el que hace misericordia, con alegría."*

Los hombres y las mujeres se necesitan mutuamente. Génesis 2:18: *"El Señor Dios dijo: Y dijo Jehová Dios: No es bueno que el hombre esté solo; le haré ayuda idónea para él."*

Lección 3E: *Busca* mentores sabios y experimentados

 Sigue los consejos de los expertos (*Busca* mentores sabios y experimentados):

Busca asesoría y apoyo moral de tus padres, pastores, y/o emprendedores exitosos que manejan sus negocios con integridad. Cuando solicites asesoramiento, observa si te dan tiempo y si se interesan en ti. En la reunión inicial, se específico en lo que les pida, tal como una reunión de uno a uno cada trimestre y acompañado por una llamada telefónica cuando sea necesario. No demandes mucho de su tiempo, pero si no tienen ninguno para usted, busca a alguien que esté más disponible para ti. Observarlos y tratar de duplicarlos. Pregúntales cómo respondieron cuando enfrentaron desafíos y oportunidades similares a las que ahora enfrentas. Sé agradecido y trata de ayudarlos como puedas. Luego comparte lo que estás aprendiendo con ellos con personas que son tus seguidores en el negocio.

 Pregúntate (*Busca* mentores sabios y experimentados):

¿Qué emprendedores exitosos conozco y respeto?

¿Muestran interés en mí y mi negocio?

_____

_____

¿Cuándo y qué debería preguntarles?

_____

_____

¿Cómo puedo darles las gracias?

_____

_____

¿A quién puedo comenzar mentorear?

_____

_____

 Meditada **en estas escrituras (***Busca*** mentores sabios y experimentados):**

La sabiduría de las personas con más experiencia es esencial. Proverbios 15:22: *"Los pensamientos son frustrados donde no hay consejo; Mas en la multitud de consejeros se afirman."*

Lección 3F: *Sé* lento al asociarte con alguien (compartir sociedad)

 Sigue los consejos de los expertos (*Sé* lento al asociarte con alguien (compartir sociedad)):

Sólo asóciate con personas que tengan tu misma pasión por el negocio, procura que sean personas de confianza y que puedan contribuir y proporcionar algo que tú no puedes. De lo contrario, diluirás tus ganancias y atrasarás o paralizarás tu proceso de tomar decisiones. Sólo asóciate con alguien de quien estás seguro de que acelerará en gran medida el crecimiento de tu negocio. Antes de comprometerte por completo, haz un par de pequeños proyectos juntos para ver si cumplen con su parte y si te gusta trabajar con ellos. Recuerda, ¡quizás los verás aún más que a tu esposo o esposa! ¡No elegirías apresuradamente un cónyuge sin primero salir con él / ella! Aprende las diferencias entre un socio trabajador y un inversionista. Si contratas a un socio o inversionista, asegúrate de que los papeles y los arreglos financieros sean muy claros y firme un acuerdo de asociación con la ayuda de un abogado. Considera las ventajas de crecer más lentamente a través de la autofinanciación en lugar de tener un inversionista.

 Pregúntate (*Se* lento al asociarte con alguien (compartir sociedad)):

¿Por qué quiero un socio?

_____

_____

¿Qué talentos y habilidades debe tener mi socio para compensar mis debilidades?

_____

_____

¿Qué candidatos están disponibles?

_____

_____

¿Qué tanto los conozco y cuánto confío en ellos?

_____

_____

¿Están igualmente entusiasmados con el negocio?

_____

_____

¿Cómo será mi negocio en tres años con y sin este socio?

_____

_____

101

¿Cuánto tiempo será necesario para ver si somos compatibles?

_____

_____

¿Qué roles, equidad y salarios tendremos mi socio y yo?

_____

_____

 Meditada en estas escrituras (*Se* lento al asociarte con alguien (compartir sociedad)):

Adopta cuidado de involucrarte financieramente con otros. Proverbios 22:26: *"No seas de aquellos que se comprometen, Ni de los que salen por fiadores de deudas."*

Lección 3G: *Encuentra* buenos empleados para aumentar tu capacidad

 Sigue los consejos de los expertos (*Encuentra* buenos empleados para aumentar tu capacidad):

Para imitar la excelencia de Dios, debes ofrecer productos y servicios de alta calidad. Esto es muy difícil de hacer al principio a menos que tengas años de experiencia en tu industria. Pero un empleado experimentado puede cerrar esa brecha. ¿Hay alguna persona jubilada que conozcas que tenga algunas de las habilidades que te faltan? Tal vez él o ella trabajaría para usted a tiempo parcial para ayudarlo a comenzar.

Aún si tienes las destrezas para lanzar tu negocio sólo/a, considerada si sólo quieres crear un trabajo para ti o también para otros. Apréndete las leyes (para los empleadores) y determina si puedes comenzar con subcontratistas. Identifica las personas talentosas y a los trabajadores en los que puedes confiar. Pregúntale a la gente que ya conoces y en la confías que te recomiende a alguien para emplear. Enfócate en su carácter, habilidades laborales y destrezas interpersonales.

Si contratas a alguien, trátelos como tu mejor recurso y ayúdalos a aprender, crecer y ser desafiados constantemente y de manera positiva. Los empleados felices conducen a clientes felices lo que resulta en negocios rentables.

Los empresarios/as constantemente se quejan de los empleados. He tenido docenas de empleados que me roban, arruinan mi equipo, consumen drogas, llegan tarde o no llegan a nada, mienten, pelean entre ellos, son descuidados con los clientes y cometodo tipo de errores. Algunas de esto es inevitable, pero con el tiempo serás mejor a identificar a las personas y cuando tengas algunas buenas personas, atraerás a otras personas buenas. Entonces, sé lento para contratar y rápido para despedir. Una manzana podrida pudre a las demás. Tus buenos empleados pensarán: "Si el jefe aguanta este comportamiento, ¿por qué debería dar lo mejor de mí?" Y terminan haciendo o arreglando el trabajo de los perezosos. Despedir a alguien nunca es agradable, pero a largo plazo es incluso un regalo para la persona a quien despides, porque le puedes mostrar que están en la industria equivocada o que necesitan madurar. Con el tiempo crecerás y todo te resbalará a medida que aprendas a lidiar con el estrés de los problemas de los empleados.

A pesar de estos malestares, el crecimiento de tu negocio está severamente limitado si no tienes empleados con quien compartir la carga. Ser un dueño solitario puede parecer como una buena opción para algunas personas, pero para la mayoría han creado un trabajo para ellos y además tienen la carga de administrar un negocio. Una vez que tu negocio gane reputación como la mejor en su campo, comenzará a atraer a las mejores personas. Por lo tanto, los problemas de los empleados se vuelven más fáciles con el tiempo, especialmente si los tratas bien. Esto incluye proporcionar expectativas claras y descripciones de trabajo, tomar en cuenta sus opiniones, ayudarlos a desarrollar nuevas habilidades, crear trabajo en equipo, demostrarles que te preocupas por ellos fuera del trabajo y pagarles un poco por encima del promedio. Conócelos a fondo, a sus familias y pregúntales cuáles son sus sueños, para así demostrarles que no son simple máquinas que trabajan para ti. Después de entrenarlos y ver un buen trabajo, confía en ellos delega verdaderas responsabilidades. Aunque todo dependa de ti, ¡tu negocio es un bebé!

 Pregúntate (*Encuentra* buenos empleados para aumentar tu capacidad):

¿Planeo contratar empleados o hacerlo todo yo?

_____

_____

¿A quién conozco de confianza y con quien me gustaría trabajar con ellos?

_____

_____

¿Cuáles de los líderes comunitarios me pueden referir empleados potenciales?

_____

_____

¿Cómo le voy a mostrar a mis empleados que ellos me importan?

_____

_____

¿Cómo voy a desarrollarlos como líderes en mi negocio?

_____

_____

¿Son mis claras mis expectativas de ellos?

_____

_____

 Meditada en estas escrituras (Encuentra buenos empleados para aumentar tu capacidad):

Delegar la responsabilidad hace crecer tanto a las personas como a las organizaciones. 2 Timoteo 2:2: _"Lo que has oído de mí_

105

ante muchos testigos, esto encarga a hombres fieles que sean idóneos para enseñar también a otros."

Puede comenzar solo, pero para crecer necesitarás desarrollar otros líderes. Éxodo 18: 13-26: *"Aconteció que al día siguiente se sentó Moisés a juzgar al pueblo; y el pueblo estuvo delante de Moisés desde la mañana hasta la tarde. Viendo el suegro de Moisés todo lo que él hacía con el pueblo, dijo: ¿Qué es esto que haces tú con el pueblo? ¿Por qué te sientas tú solo, y todo el pueblo está delante de ti desde la mañana hasta la tarde? Y Moisés respondió a su suegro: Porque el pueblo viene a mí para consultar a Dios. Cuando tienen asuntos, vienen a mí; y yo juzgo entre el uno y el otro, y declaro las ordenanzas de Dios y sus leyes. Entonces el suegro de Moisés le dijo: No está bien lo que haces. Desfallecerás del todo, tú, y también este pueblo que está contigo; porque el trabajo es demasiado pesado para ti; no podrás hacerlo tú solo. Oye ahora mi voz; yo te aconsejaré, y Dios estará contigo. Está tú por el pueblo delante de Dios, y somete tú los asuntos a Dios. Y enseña a ellos las ordenanzas y las leyes, y muéstrales el camino por donde deben andar, y lo que han de hacer. Además escoge tú de entre todo el pueblo varones de virtud, temerosos de Dios, varones de verdad, que aborrezcan la avaricia; y ponlos sobre el pueblo por jefes de millares, de centenas, de cincuenta y de diez.*
Ellos juzgarán al pueblo en todo tiempo; y todo asunto grave lo traerán a ti, y ellos juzgarán todo asunto pequeño. Así aliviarás la carga de sobre ti, y la llevarán ellos contigo.
Si esto hicieres, y Dios te lo mandare, tú podrás sostenerte, y también todo este pueblo irá en paz a su lugar. Y oyó Moisés la voz de su suegro, e hizo todo lo que dijo.
Escogió Moisés varones de virtud de entre todo Israel, y los puso por jefes sobre el pueblo, sobre mil, sobre ciento, sobre cincuenta, y sobre diez. Y juzgaban al pueblo en todo tiempo; el asunto difícil lo traían a Moisés, y ellos juzgaban todo asunto pequeño."

Encontrar empleados con sabiduría, talento y ajetreo puede ayudarlo a comenzar bien. Proverbios 31: 10-31: *"Mujer virtuosa, ¿quién la hallará? Porque su estima sobrepasa largamente a la* *de las piedras preciosas. El corazón de su marido está en ella confiado, Y no carecerá de ganancias. Le da ella bien y no mal. Todos los días de su vida. Busca lana y lino, Y con voluntad trabaja con sus manos. Es como nave de mercader; Trae su pan de lejos. Se levanta aún de noche. Y da comida a su familia. Y ración a sus criadas. Considera la heredad, y la compra, planta viña del fruto de sus manos. Ciñe de fuerza sus lomos, Y esfuerza sus brazos. Ve que van bien sus negocios; Su lámpara no se apaga de noche. Aplica su mano al huso, Y sus manos a la rueca. Alarga su mano al pobre, Y extiende sus manos al menesteroso. No tiene temor de la nieve por su familia, Porque toda su familia está vestida de ropas dobles. Ella se hace tapices; De lino fino y púrpura es su vestido. Su marido es conocido en las puertas, Cuando se sienta con los ancianos de la tierra. Hace telas, y vende, Y da cintas al mercader. Fuerza y honor son su vestidura; Y se ríe de lo por venir. Abre su boca con sabiduría, Y la ley de clemencia está en su lengua. Considera los caminos de su casa, Y no come el pan de balde. Se levantan sus hijos y la llaman bienaventurada; Y su marido también la alaba: Muchas mujeres hicieron el bien; Mas tú sobrepasas a todas. Engañosa es la gracia, y vana la hermosura; La mujer que teme a Jehová, ésa será alabada. Dadle del fruto de sus manos, Y alábenla en las puertas sus hechos."*

 ## Observa adolescentes que siguen consejos:

Alejandro y María decidieron ir a ver a su mentor, Daniel. Al principio, se preguntaron si él sabría cómo ayudarles. Él siguió haciendo preguntas y escuchando, pero no les dio ningún consejo. Finalmente, Daniel hizo una pausa para considerar todo lo que había escuchado. Luego dijo: "Alejandro y María, si una tortillería roba la idea de dos adolescentes que ni siquiera han vendido una tortilla, ¿eso indica que tienen buenas ideas o malas ideas, para lo que la gente quiere?"

Alejandro y María miraron al suelo. La respuesta fue tan obvia y evidente como el sucio en los cordones de sus zapatos. "Ok, Daniel, entiendo lo que dices, ¿pero qué podemos hacer? ¡Ellos ya tomaron nuestra idea!," dijo María.

Daniel tenía una pregunta más. "Espera: ¿aceptaron tu idea o simplemente validaron que es una buena idea? Proceder con la tortilla 'The Dream' es una cosa, pero pensar en diez de ellas - y cambiarlas cada mes - es otro nivel. Creo que ustedes dos tienen las agallas, la ética de trabajo y el deseo de escuchar a sus clientes para ejecutar esta idea mejor que nadie en la ciudad."

 Evita estos cinco errores principales:

1. No cumplir tus promesas.
2. Tratar a los empleados como máquinas, no personas.
3. Confiar demasiado rápido al tomar grandes riesgos con personas que no conoces.
4. Comprometerse a una sociedad (asociación) sin un período de prueba.
5. No poner acuerdos en un contrato firmado.

 Desarrolla estos cinco hábitos principales:

1. Da más de lo que recibes; busca maneras de ser útil, incluso cuando no se te pregunte.
2. Admitir tus errores, discúlpate y demuestra un cambio positivo lo más rápido posible.
3. Paga a tus proveedores más rápido de lo esperado.
4. Contrata lento y despide rápido.
5. Ayuda a los empleados a ver un futuro en tu negocio y ayúdelos desarrollarse para eso.

 Sigue este ejemplo real hondureño:

Una joven con una gran sonrisa acogedora, María Villela ama deleitar a los demás con sus increíbles tartas de queso. Como alguien con un interés genuino en las personas, realmente vive y aplica los consejos de los expertos de este módulo. En sus propias palabras (editado por Carol McGehe), así es como María construyó un negocio enfocado en la gente.

María con su esposo

María Villela: *"Después de los intentos fallidos de encontrar un trabajo, decidí en 2015 crear mi propio negocio de catering y lo llamé Pistacchio Catering. Empecé a experimentar atendiendo a personas de nuestra iglesia, amigos y familia y muy pronto amplié mi red de clientes. Aprendí que rodearme de gente positiva es extremadamente importante. Las personas positivas me influyen para tomar mejores decisiones en mi vida personal y profesional.*

Después de analizar el mercado, tuve que decidir quiénes serían mis proveedores. Las panaderías locales, las tiendas de abarrotes cercanas y los mercados mayoristas demostraron ser la mejor opción. Cuando estaba eligiendo personas que me proporcionarían los suministros necesarios, me aseguré de investigar a fondo el producto que estaría comprando para asegurar que mis productos final tuvieran los mejores ingredientes. Tenía que ser sabia y conocer bien a mis proveedores. Me interesé por ellos como personas, no solo como proveedores. La construcción de este tipo de relación personal hace que una relación comercial sea aún mejor. (¡Incluso obtuve algunos beneficios de eso!)

Un par de meses después, invité a mi novio Alfredo a ser mi socio comercial. Sus habilidades como chef agregó valor a mi negocio. ¡Ahora no sólo es mi socio comercial, sino también mi esposo! Desde el principio, estábamos en la misma página sobre cómo ejecutar y hacer crecer nuestro negocio. Nos enfocamos en hacer que la experiencia de cada cliente sea única y personal. Siempre hablamos con nuestros clientes como si fueran miembros de nuestra familia. Nuestro objetivo es hacer que se sientan cómodos y asegurarles que somos la mejor opción para su evento. Nos dimos cuenta de que la entrega de nuestro producto no significa que nuestro trabajo haya terminado. Después de cada evento, nos tomamos el tiempo para contactar a nuestros clientes para preguntarles sobre su experiencia con nosotros y para asegurarnos de que sepan que estamos disponibles para cualquier evento que planifiquen en el futuro.

A medida que continuamos en nuestro negocio, nos dimos cuenta de que teníamos mucho por aprender, desde la contabilidad básica hasta el crecimiento como líderes. Debido a que estas cosas son típicamente difíciles de aprender solos, nos unimos a una comunidad de empresarios en la Iglesia Cristiana Vida Abundante. Hemos tenido una experiencia increíble. Escuchamos historias de éxito y fracaso, tanto de nuevos propietarios de negocios y propietarios con 20 años de experiencia. Conocimos a nuestros mentores dentro de este grupo. Mantenemos la idea de que cuando tienes un negocio, necesitas un mentor. Los mentores son personas que han vivido todas las buenas y malas experiencias en sus negocios, aprendieron de ellos y, como resultado, han mejorado. Están dispuestos a compartir todas estas palabras de sabiduría con nosotros. Estamos muy agradecidos por nuestros mentores, porque hemos aprendido, progresado y crecido gracias a ellos.

Cuando los nuevos empresarios buscan sabiduría de nosotros, nuestro consejo es: "Sé humilde y sé humilde. Puede ser un increíble chef, músico, ingeniero o lo mejor en lo que sea que haga, pero nunca debes *dejar de aprender. No seas un Sr. o una Señora-Sabelotodo, porque no sabes todo lo que necesitas saber. Rodéate de personas que te harán crecer todos los días. Sé lo suficientemente humilde como para escuchar los consejos y experiencias de otras personas. Puede que no hagas todo lo que te dicen que hagas o incluso que no estés de acuerdo con todo, pero algo bueno siempre sale de el escuchar. Además, nunca dejes de hacer buenas preguntas. Aprende a confiar en los talentos y habilidades de otras personas.*

Lo que es más importante es dejar que Dios sea el centro de sus negocios. Él será quien tiene el control de todo. Cada uno de nosotros somos su magnífico instrumento siendo usado por Él para completar su propósito divino. Dios da sentido a nuestras vidas haciendo que nuestros talentos sean útiles para servir a otras personas. "

Nota como María sinceramente valora a otras personas como personas, no sólo por lo que pueden hacer por ella. Se rodea de personas íntegras y diligentes que se ayudan mutuamente. Ella me recuerda del hecho de que tu habilidad para multiplicar los talentos que Dios te ha dado depende en gran parte de las personas con las que te asocias.

 Hazlo con tu grupo:

Escoge seis voluntarios para participar en juegos de roles: tres para ser clientes y tres para ser propietarios de talleres de reparación de motocicletas. Empareja a cada cliente con un propietario de tienda diferente, luego entrega a cada pareja una de las preguntas a continuación. Vuelva a leer en la clase la sección de consejos de expertos titulada: "Respeta y aprende de tus competidores" (lección 3C). Luego, la clase puede presenciar estas tres conversaciones. Pídele al dueño de la tienda que siga los consejos de los expertos a contestar las siguientes preguntas de su cliente:

112

1. El cliente pregunta: "¿Cómo es usted mejor que las otras tiendas de motocicletas de por aquí?" Responde el dueño de la tienda.

2. He escuchado que la tienda de Pedro le cobre a la gente de arreglar cosas que no están realmente rotas. ¿Crees que es verdad? El propietario responde.

3. ¿Por qué es su tarifa por hora mas cara que la de MotoFix. El propietario responde.

Después de cada juego de rol, el/la maestro/a le pregunta al cliente: "¿La respuesta del dueño de la tienda le hizo querer comprarle a él / ella? ¿Por qué sí o por qué no?" Luego, el/la maestro/a le pregunta a la clase: "¿Qué partes de los consejos de los expertos siguió el propietario y cuales no siguió?"

Guía para el/la maestro/a: Antes de leer el consejo de un experto, por favor, distribuya las preguntas a todos los voluntarios. Esto dará a los "clientes" tiempo para practicar y le dará tiempo a los "propietarios" para pensar cómo van a responder.

 Aplica este módulo con:

ORACIÓN – Pedirle a Dios que me muestre a quién tengo que apreciar por lo que son, no sólo por lo que hacen por mí. Pedirle a Dios cómo puedo mostrar el amor a esta persona con mi tiempo y mis palabras. Pedirle a Dios que me muestre a que compañeros y mentores pedirles ayuda en mi negocio y escribir sus nombres.

INVESTIGACIÓN – Hacer una lista de las cosas/herramientas que necesito y una lista de proveedores para su prestación. Averiguar quiénes son los principales competidores en mi industria e identificar sus fortalezas y debilidades.

113

CREATIVIDAD - Anotar las calificaciones que me gustaría encontrar en mis proveedores. Si estoy buscando socio, escribir el personaje y las habilidades que me gustaría que tenga. Escribir las expectativas o la descripción del trabajo para un puesto de empleado que deseo llenar.

ACCIÓN - Ir a visitar a un competidor superior a establecer una relación cordial y aprender acerca de la industria.

CLIENTES - Preguntar a los clientes potenciales lo que les gusta de mis competidores.

MENTORES - Solicitar reuniones con mentores y ver la frecuencia con la que estarían dispuestos a reunirse conmigo.

DINERO - Aprender más de mis padres y de artículos en línea de como ahorrar dinero.

TIEMPO - Tomar tiempo extra ésta semana para mostrar mi aprecio a alguien a quien valoro que lo que él / ella puede hacer por mí.

 Practica estos valores.

Integridad- un socio comercial con un carácter pobre puede arruinar rápidamente tu reputación, lo que puede hundir tu negocio. Conocer bien a tus socios potenciales y comenzar con un período de prueba para su sociedad te revelará su integridad o la falta de ella.

Excelencia- Al comprar materiales de un proveedor, recompensas su compromiso con la calidad. El uso de los excelentes "ingredientes" que ellos proporcionan, te permite ofrecer la mejor solución posible.

Mayordomía- Cuando le pides a alguien que te asesore (que sea tu mentor), le estás dando el regalo de poner su sabiduría y experiencia en buen uso. Al mismo tiempo, desarrolla su propio potencial dado por Dios.

Dignidad- En vez de demonizar a tus competidores, respetarlos honra su dignidad dada por Dios. El crear trabajos para tus empleados les da la oportunidad de usar sus dones para servir a los demás, lo que afirma su sentido de propósito y valor.

 ## *Evalúa* el negocio de los adolescentes:

Ponte en los zapatos de Daniel. Si Alejandro y María vinieran a pedirte un consejo, ¿qué harías?

- Escribe las tres preguntas principales que le harías para que pudieran entender la situación de Daniel.

- Repasa el consejo en este módulo. En base a lo que has aprendido, ¿cuáles son los tres puntos principales de asesoramiento que les darías? Escríbelo.

- Piensa en *cómo se sien*Alejandro y María. ¿Cómo los alentaría y motivaría a seguir adelante?

En Resumen:

Las relaciones son difíciles y gratificantes. De esto es lo que se trata la vida porque Dios mismo es una relación. Por lo tanto, comprométete a crecer en tus habilidades con amor y para la gente. Dale a estas personas mínimo lo que recibes de ellas. Y reposa todo en Dios, quien mejor te conoce, más te ama, y proporciona todo lo que necesita con su gracia.

Usa tu Plan de *Start*Book:

Ahora que has completado este módulo, completa tu Plan de *Start*Book en la siguiente página. Piensa en lo que has aprendido y elige la meta más importante de este módulo para aplicar a tu negocio durante los próximos 12 meses. Escribe tu objetivo, tres acciones para lograr y las fechas para completar cada acción. Consulta tu Plan de *Start*Book a menudo como una herramienta para hacer crecer tu negocio.

Plan de *Start*Book

3. Gente

Síntesis del módulo: Aprecia y aprende de éstos grupos de personas que son vitales para tu éxito. Construye relaciones de confianza y de beneficio mutuo (ganar-ganar).

Mi meta # 1 de "Gente" en los próximos 12 meses:

Mis 3 pasos a seguir para cumplir ésta meta:

1.

La fecha de hoy:_____. Fecha ideal para cumplir la meta:_____. Fecha de cuando se cumplió la meta:_____.

2.

La fecha de hoy:_____. Fecha ideal para cumplir la meta:_____. Fecha de cuando se cumplió la meta:_____.

3.

La fecha de hoy:_____. Fecha ideal para cumplir la meta:_____. Fecha de cuando se cumplió la meta:_____.

4. Dinero

Síntesis del módulo: Nunca hay suficiente dinero para todo, por lo que debes utilizarlo para tus. Sigue cuidadosamente éstas mejores prácticas para manejar tu dinero y con paciencia crear riqueza.

Módulo 4: DINERO

Lee la sinopsis del módulo: Nunca hay suficiente dinero para todo, por lo que debes utilizarlo para tus prioridades. Sigue cuidadosamente estas mejores prácticas para controlar tu dinero y con paciencia crear riqueza.

Observa adolescentes que necesitan consejos:

"Entonces Alejandro, ¿cómo vamos a empezar? Necesitamos alquilar una tienda, obtener un letrero en la parte delantera, una máquina registradora, comprar todos los suministros para hacer tortillas, necesitamos una estufa, un refrigerador, cacerolas, ollas... "María se veía preocupada.

"María, nos conseguiremos una buena oferta en todo. Además, una vez que el dinero empiece a llegar de nuestros clientes satisfechos, ¡podremos expandir nuestra tienda! Estoy seguro de que podemos encontrar una manera; no te preocupes," dijo Alejandro.

"Sé que eres un buen negociador, ¡el mejor!," respondió María. "Pero aún así, creo que si vamos a abrir 'Tortillería Soñada,' necesitamos un plan financiero." Ni siquiera sabemos cuánto costará comenzar."

Alejandro suspiró. El sabía que María tenía razón. "Ok, vale, tienes un buen punto. Sentémonos y hagamos una lista de todo lo que creemos que necesitamos y cuánto costará. ¡Entonces puedo poner a prueba mis habilidades de negociación!"

Lección 4A: *Ahorra* un monto fijo cada semana, aunque sea un montón muy pequeño

 Sigue los consejos de los expertos (*Ahorra* un monto fijo cada semana, aunque sea un montón muy pequeño):

Ahorrar dinero es la mejor manera de lanzar y hacer crecer tu negocio porque crea disciplina y te obliga a ser cauteloso con el dinero. Aprecias más el equipo cuando lo compras con dinero en efectivo, no con préstamos, sin mencionar todos los intereses que no tendrás que pagarle ¡al Banco! Antes y después de tu lanzamiento, guarda un monto fijo cada semana en una cuenta separada. Por separado, me refiero a separar tu dinero personal y separarlo de tu cuenta comercial. Comienza ahora aunque la cantidad sea muy pequeña, luego vas aumentando todo lo que sea posible. Establece una meta por alcanzar como un fondo de emergencia (y solo retirar dinero en caso de una verdadera emergencia). Después de lograr la meta, establece un objetivo para pagar la herramienta o equipo que necesitas. Te sorprenderás de cuánto dinero podrás ahorrar con el tiempo y de cuanta satisfacción que te dará saber que todos tus ingresos no se gastan todas las semanas.

 Pregúntate (*Ahorra* **un monto fijo cada semana, aunque sea un montón muy pequeño**):

Sin querer intentar ahorrar una pequeña cantidad cada semana, pregúntate ¿por qué estoy convencido de que es imposible ahorrar algo de mi pequeño ingreso?

_____

_____

¿El problema es el tamaño de mis ingresos o tengo una mentalidad errónea hacia el dinero?

_____

_____

¿Por lo menos estoy dispuesto a intentarlo por tres meses?

_____

_____

¿Cuáles son mis ventajas de no usar un préstamo?

_____

_____

¿Cuándo y dónde abriré mi cuenta de ahorro comercial?

_____

_____

¿Cuánto ahorraré cada semana para comenzar?

_____

_____

¿Cuánto planeo acumular para mi fondo de emergencia?

_____

_____

¿Cuánto acumularé para mi fondo para los equipos (las herramientas)?

_____

_____

 Meditada en estas escrituras (_Ahorra_ un monto fijo cada semana, aunque sea un montón muy pequeño):

El trabajo disciplinado ahora te recompensará más tarde. 2 Timoteo 2: 3-6: _"Tú, pues, sufre penalidades como buen soldado de Jesucristo. Ninguno que milita se enreda en los negocios de la vida, a fin de agradar a aquel que lo tomó por soldado. Y también el que lucha como atleta, no es coronado si no lucha legítimamente. El labrador, para participar de los frutos, debe trabajar primero."_

El esfuerzo constante hacia una recompensa distante (a largo plazo) realmente funciona. Proverbios 13:11: *"Las riquezas de vanidad disminuirán; Pero el que recoge con mano laboriosa las aumenta."*

Ahorrar para las necesidades futuras es tan simple y obvio que las pequeñas criaturas de Dios lo practican. Proverbios 30:25: *"Las hormigas, pueblo no fuerte, Y en el verano preparan su comida."*

Lección 4B: *Explora* los préstamos si es necesario

Sigue los consejos de los expertos (*Explora* los préstamos si es necesario):

A veces, los préstamos son necesarios, pero asegúrate de gastar el dinero en cosas que en realidad aumentan los ingresos para que puedas pagarlos (incluidos intereses y honorarios). Aunque parezca imposible, guarda y planifica para el día en que tu negocio este libre de deudas. Una forma de limitar las deuda al usar un préstamo es ahorrar un pago inicial grande y hacer que la duración del préstamo sea lo más corto posible (cuanto más corto sea el tiempo del préstamo, el pago mensual será más alto, pero pagarás menos interés en total).

Los bancos son reacios a prestarle dinero a los nuevos negocio; quieren ver un historial de éxito. Para generar confianza, crea una

125

relación con el funcionario de préstamos en el banco donde está su cuenta de cheques y nunca escriba un cheque sin fondos. Si tienes garantías (equipo que estás comprando), quizás tu banco puede arriesgarse dando un pequeño préstamo. Si lo pagas a tiempo, es probable que la próxima vez califiques para un préstamo más grande.

Los préstamos entre colegas puede ser una opción. Los círculos de ahorro "prestan" una "cantidad" a una persona diferente al final de cada ciclo. Y los sitios web de *crowdfunding* son una forma popular de recaudar dinero para ideas únicas y emocionantes, ¡pero los préstamos comerciales no siempre son tan llamativos!

Tus amigos y familiares pueden prestarte algo de dinero si demuestras que has ahorrado una cantidad significativa y que estás trabajando arduamente en tu negocio. cuidado con esta opción ya que el dinero puede cambiar la dinámica de tus relaciones, especialmente si no puedes pagar tan rápido como lo prometiste.

 Pregúntate (*Explora* los préstamos si es necesario):

¿Quiero explorar préstamos o mantenerme simplemente con los ahorros?

_____

_____

Si estás considerando un préstamo, ¿cómo sé que aumentará mis ingresos y que generaré los fondos necesarios para realizar los pagos del préstamo?

_____

_____

¿Qué banco del área tiene un historial de hacer préstamos a personas en mi industria?

_____

_____

¿Cómo voy a comenzar a construir confianza con ellos?

_____

_____

¿Los préstamos entre colegas están disponibles para mí y encajan con mi negocio?

_____

_____

¿Mis padres piensan que pedir prestado a familiares o amigos es una buena idea?

_____

_____

Si es de ser así, ¿a quién le pediré prestado?

127

Medita da en estas escrituras (*Explora* los préstamos si es necesario):

Comprenda los inconvenientes y los beneficios de pedir dinero prestado. Proverbios 22: 7: *"El rico se enseñorea de los pobres, Y el que toma prestado es siervo del que presta."*

Lección 4C: *Entiende* el flujo de efectivo

 Sigue los consejos de los expertos (*Entiende* el flujo de efectivo):

El flujo de efectivo comercial es similar al flujo de efectivo personal: Si trabajas, obtiene cheques de pago según un cronograma determinado y tus cuentas tienen que ser pagadas en una fecha determinada. Debe asegurarte de que tu pago esté disponible el día del pago. Por lo tanto, ya administras el flujo de efectivo de manera personal. Tanto en la vida como en los negocios, sin importar cuán grandes sean los sueldos o las ventas, las cuentas parecen ser igual de grandes. Se necesitan años de esfuerzo disciplinado para salir adelante.

Pregúntate (*Entiende* el flujo de efectivo):

¿Tiene sentido esto? _____

_____

¿Estoy ahorrando dinero para poder rescatarme de una crisis de flujo de efectivo?

_____

_____

 Meditada en estas escrituras (*Entiende* el flujo de efectivo):

No importa cuántas ventas hagas, sin disciplina tus ingresos disminuirán. Eclesiastés 5:11: *"Cuando aumentan los bienes, también aumentan los que los consumen. ¿Qué bien, pues, tendrá su dueño, sino verlos con sus ojos?"*

Debido a que termina con tantas empresas, el tiempo entre el lanzamiento y cuando su negocio se vuelve autosuficiente ha sido apodado "el valle de la sombra de la muerte." Salmo 23:4: *"Aunque ande en valle de sombra de muerte, No temeré mal alguno, porque tú estarás conmigo; Tu vara y tu cayado me infundirán aliento."*

Lección 4D: *Proyecta* los costos generales de tu negocio

 Sigue los consejos de los expertos (*Proyecta* los costos generales de tu negocio):

Es probable que el optimismo y la inexperiencia te hagan subestimar lo que realmente costará comenzar y operar tu negocio. Suma todos los costos posibles que puedas imaginar, ¡y triplique el total! Haz esto para los gastos iniciales y de lanzamiento y también para los costos continuos, luego haz un plan de cómo vas a pagarlo hasta que tengas los suficientes clientes que te paguen a ti. Pídele a uno de tus mentores con experiencia en negocios que verifique tus números y que te aconseje. Adquirir clientes y cobrarles es mucho más difícil y más lento de lo que te imaginas, por lo que el flujo de efectivo es una lucha constante durante los primeros años de un nuevo negocio. Hay una razón por la cual este período de tiempo se llama "*el valle de la sombra de la muerte!*" (Salmo 23:4). Considera y evalúa si eres lo suficientemente cuidadoso, medido, creativo y fuerte para resistir y sobrepasar esta fuente constante de estrés severo.

 Pregúntate (*Proyecta* los costos generales de tu negocio):

¿Cuáles son todas las categorías de gastos para el lanzamiento de mi negocio y cuánto podría costar cada categoría?

¿Qué categorías y totales de costos corrientes esperas?

_____

_____

¿Quién de mis mentores puede ayudarme con esto?

_____

_____

¿Tengo lo que se necesita para manejar este tipo de estrés?

_____

_____

¿Tengo el impulso para buscar ventas y recoger el dinero seis días a la semana durante años?

_____

_____

 Meditada en estas escrituras (_Proyecta_ los costos generales de tu negocio):

Sobreestimar el costo antes de comenzar. Lucas 14: 28-30: _"Porque ¿quién de vosotros, queriendo edificar una torre, no se sienta primero y calcula los gastos, a ver si tiene lo que necesita para acabarla? No sea que después que haya puesto el cimiento, y no pueda_

acabarla, todos los que lo vean comiencen a hacer burla de él, diciendo: Este hombre comenzó a edificar, y no pudo acabar."

Lección 4E: *Monitorea* tu cinco gastos principales de cada mes

Sigue los consejos de los expertos (*Monitorea* tu cinco gastos principales de cada mes):

Suma todos tus gastos por categoría y por cada mes. Monitorea tus cinco principales categorías de gastos de cada mes. Trata de reducirlas cada vez que sea posible y descubre los motivos por los que suben o bajan los gastos cada mes. Después que hagas esto por un tiempo, podrás monitorear y comparar tus gastos en comparación al mismo mes (o trimestre) en año pasado o años antepasados. Los números son como indicadores en el tablero de su automóvil que le dicen como está haciendo tu empresa y su controlador (conductor). Los números son como medidores en el tablero de su automóvil que le indican cómo están su negocio y su conductor. No es suficiente simplemente rastrear los números. No te sirven de nada si al menos te preguntas "¿por qué?". Esta es una forma importante de encontrar y eliminar desperdicios en tu negocio y de ver las tendencias. Pídele a uno de tus mentores que te ayude a evaluar tus números.

Pregúntate (*Monitorea* tu cinco gastos principales de cada mes):

¿Cómo rastrearé todos mis gastos para poder sumarlos por categoría cada mes?

_____

_____

¿Cuáles fueron mis cinco principales gastos comerciales el mes pasado?

_____

_____

¿Cómo se compara eso con el mes anterior y por qué?

_____

_____

Si has estado monitoreando los gastos al menos un año, ¿cómo se comparan los gastos del mes pasado en comparación a el mismo mes del año pasado?

_____

_____

¿Cuál de mis mentores tendrá el tiempo y la experiencia para ayudarme a rastrear e interpretar los números?

_____

_____

Meditada en estas escrituras
(*Monitorea* tu cinco gastos
principales de cada mes):

No pierdas el contacto con lo que está sucediendo en tu
negocio. *Proverbios 27:23:* "Sé diligente en conocer el estado de tus
ovejas, Y mira con cuidado por tus rebaños."

Lección 4F: *Entiende* los gastos fijos y variables

 Sigue los consejos de los expertos
(*Entiende* los gastos fijos y variables):

Algunos gastos aumentan cuando las ventas aumentan, debes
comprar más harina para vender más pan y usa más combustible
para entregar más panes. Estos se llaman "costos variables." Otros
gastos son los mismos todos los meses si vende cero o 1,000 barras
de pan, como el pago del préstamo de tu horno o el alquiler de tu
edificio. Estos se llaman "costos fijos." Si estás haciendo las cosas
bien, sus costos variables deberían aumentar un poco más lento que
sus ventas, es decir que tus ventas deben aumentar más rápido que
tus gastos variables. ¿Por qué? Porque quizás puedas conseguir un
mejor precio por la harina cuando compras en grandes cantidades.
Y deberías poder trazar rutas más eficientes, entregando más panes
por galón de gasolina.

Pregúntate (*Entiende* los costos fijos y variables):

¿Entiendo la diferencia entre los costos fijos y variables?

_____

_____

Si no, ¿quién me puede ayudar?

_____

_____

¿Están mis costos variables aumentando más rápido o más lento que mis ventas y por qué?

_____

_____

Meditada en estas escrituras (*Entiende* los costos fijos y variables):

Un aumento en el trabajo aumenta los costos y los ingresos. Proverbios 14:4: *"Sin bueyes el granero está vacío; Mas por la fuerza del buey hay abundancia de pan."*

Lección 4G: *Mantén* sólo el inventario necesario

 Sigue los consejos de los expertos (*Mantén* sólo el inventario necesario):

Mantén la menor cantidad posible de inventario sin retrasar ni perjudicar la entrega de productos a tus clientes. Esto te ayudará a tener más de dinero disponible para pagar tus cuentas y mantener tu negocio fluyendo. Saber cuáles son tus productos que más se venden te ayudará con esto. Encuentra una buena manera de monitorear tu inventario, para que sí puedas saber cuáles se están agotando. Si no lo haces, decepcionarás a tus clientes y perderás ventas. Construye relaciones sólidas con tus proveedores para que si es de necesitarse ellos estén dispuestos a acelerar el material para producir más productos de forma rápida.

 Pregúntate (*Mantén* sólo el inventario necesario):

¿Qué productos puedo vender más y menos de?

_____

_____

¿En promedio, cuántas unidades de cada uno puedo vender semanalmente?

136

_____

_____

¿Tengo suficiente inventario o muy poco?

_____

_____

¿Cómo estoy haciendo con el seguimiento de la cantidad que tengo en stock en cualquier momento dado?

_____

_____

¿Son mis proveedores lo suficientemente rápido y les he dado razones para querer ayudarme en caso de un apuro?

_____

_____

 Meditada **en estas escrituras (_Mantén_ sólo el inventario necesario):**

Demasiado capital en el inventario paralizará tu negocio. Eclesiastés 11:1-2: "Echa tu pan sobre las aguas; porque después de muchos días lo hallarás. Reparte a siete, y aun a ocho; porque no sabes el mal que vendrá sobre la tierra."

Lección 4H: *Establece* el precio correcto

 Sigue los consejos de los expertos (*Establece* el precio correcto):

Ofrecer el precio más bajo suele ser una estrategia de negocio horrible. Hay una razón que sus competidores no cobran menos de lo que hacen. Los que cobraron menos que ellos ya han quebrado. Así que compite en calidad, no en el precio. Ofrece un valor más alto (un mejor producto y servicio) para que no tengas que ofrecer el precio más barato, ya que bajar el precio te puede llevar a la quiebra y te impide ofrecer excelencia a tus clientes. Debes imitar la excelencia de Dios, ya que su trabajo de creación fue "muy bueno."

Establece tus precios por encima de tu punto de equilibrio. Calcúlalo para cada producto que vendas usando la fórmula a continuación. (La Lección 4F explica los costos fijos y variables). Asegúrate de que tus precios sean más altos que tu punto de equilibrio sino tu empresa no sobrevivirá por mucho tiempo.

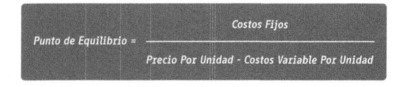

$$\text{Punto de Equilibrio} = \frac{\text{Costos Fijos}}{\text{Precio Por Unidad} - \text{Costos Variable Por Unidad}}$$

Demasiados emprendedores nuevos simplemente copian los precios de sus competidores. Pero si estás haciendo las cosas bien, estás brindando más valor (producto superior y/o experiencia del cliente), por lo que es posible que puedas cobrar un poco más.

"Tu cliente, más que tu competidor, debe determinar tus decisiones en la fijación de precios" (*Co.Starters*). Pregúntales a tus clientes qué piensan de tus precios, ¿lo que dicen es congruente con lo que hacen? (A veces se quejan de tus precios, pero si todavía los pagan, entonces entienden el valor extra que obtienen de usted).

 Pregúntate (*Establece* el precio correcto):

¿Estoy compitiendo en el precio o con el valor?

_____

_____

¿Cuál es mi punto de equilibrio?

_____

_____

¿Mis precios proporcionan un margen de ganancia razonable?

_____

_____

¿Qué dicen las palabras y las acciones de mis clientes sobre mi precio?

_____

¿Es necesario cambiar algunos de mis precios?

Meditada en estas escrituras
(*Establece* el precio correcto):

Incluso si los clientes se quejan de sus precios, su verdadera percepción se muestra en si aún compran o no. Proverbios 20:14: "*El que compra dice: Malo es, malo es; Mas cuando se aparta, se alaba.*"

Lección 41: *Vende* más de tus productos más rentables

Sigue los consejos de los expertos (*Vende* más de tus productos más rentables):

Averigua cuanta ganancia proviene de cada restando su punto de equilibrio (ver sección anterior) para un producto determinado de su precio. Luego, toma ese número y divídelo por su precio. Esto te dará el margen de ganancia (en porcentaje) de ese producto. Haz lo mismo para cada producto que vendes, y luego compara todos los producto con uno a otro. El producto con el número más grande es con el cual estás ganando más dinero. Tratar de vender más de ellos y menos de los demás.

Precio - Punto de Equilibrio = Ganancia	Ganancia / Precio = Margen de Ganancia

 Pregúntate (*Vende* más de tus productos más rentables):

¿Cuál es mi punto de equilibrio para cada uno de mis productos?

_____

_____

¿Cuál es mi margen de ganancia para cada producto?

_____

_____

¿Qué debería tratar de vender más y cómo?

_____

_____

¿A cuáles productos les debo subir los precios, vender menos o dejar de vender en total?

_____

Meditada en estas escrituras (*Vende* más de tus productos más rentables):

Concéntrate donde creas más valor. Proverbios 31:18: "Ve que van bien sus negocios; Su lámpara no se apaga de noche.

Lección 4J: *Vende* en efectivo, no a crédito

 Sigue los consejos de los expertos (*Vende* en efectivo, no a crédito):

Si es posible, cóbrale el pago a tu cliente inmediatamente que reciban su producto (evita dejar pagos para después). Esto te permitirá pagar tus cuentas y producir más productos para vender a tus futuros clientes (Recuerdas la lección sobre el flujo de efectivo en este mismo módulo?) Si están acostumbrados a pagar a crédito (con una cuenta contigo, no con una tarjeta de crédito), puedes ofrecerles un descuento del 3-5% por pagar inmediatamente (en efectivo). Considera si tu cliente estaría dispuesto a pagar un depósito por adelantado para pedidos grandes y que requieren órdenes de materias primas costosas.

 Pregúntate (*Vende* en efectivo, no a crédito):

¿Cuáles son las expectativas de mis clientes sobre cómo y cuándo van a pagar?

_____

_____

¿Voy a intentar hacer pequeños descuentos para estimular más pagos en efectivo?

_____

_____

¿Voy a buscar depósitos por adelantado en pedidos grandes de mis clientes?

_____

_____

 Meditada en estas escrituras (*Vende en efectivo, no a crédito*):

Recolectar de inmediato fortalece tu negocio para protegerse ante un futuro desconocido. Santiago 4: 13-15: "*¡Vamos ahora! Los que decís: Hoy y mañana iremos a tal ciudad, y estaremos allá un año, y traficaremos, y ganaremos; cuando no sabéis lo que será mañana. Porque ¿qué es vuestra vida? Ciertamente es neblina que se aparece por un poco de tiempo, y luego se desvanece. En lugar de lo cual deberíais decir: Si el Señor quiere, viviremos y haremos esto o aquello.*"

Lección 4K: *Págate* un salario regular después de que tu negocio sea auto-sostenible

 Sigue los consejos de los expertos (*Págate* un salario regular después de que tu negocio sea auto-sostenible):

Mantén separado tu dinero personal del dinero comercial (es decir, del dinero del negocio), y que la única interacción sea tu sueldo/salario. Cuando tus amigos o familiares esperan que tu empresa pague por sus emergencias, diles que les puede dar la leche (tu salario), pero no la vaca (activos de su empresa) ya que mañana también se necesitará la vaca para producir leche (el ejemplo se puede sustituir con cualquier producto o servicio).

En los primeros meses (o años), tendrás que pagar tus gastos de subsistencia a través de otros medios para poder reinvertir todos (o la mayoría) de los ingresos del negocio, pero tan pronto como su flujo de efectivo sea suficiente, comienza a pagarte a ti mismo un pequeño salario regular y ve aumentándolo a medida que el negocio vaya creciendo y ganando solidez financiera.

 Pregúntate (*Págate* un salario regular después de que tu negocio sea auto-sostenible):

¿Mantengo mi dinero del negocio separado de mi dinero personal?

_____

_____

Es mi negocio auto-sostenible o tiene crisis de flujo de efectivo a menudo?

_____

_____

¿Cuándo podré comenzar a pagarme mi salario y de aumentarlo?

_____

_____

¿Cómo voy manejar o lidiar con las peticiones de mi familia y amigos?

_____

_____

 Meditada **en estas escrituras (*Págate* un salario regular después de que tu negocio sea auto-sostenible):**

Como tu negocio es rentable, incluso un pequeño sueldo puede aumentar tu moral. 1 Timoteo 5:18: *"Pues la Escritura dice: No pondrás bozal al buey que trilla; y: Digno es el obrero de su salario."*

Lección 4L: *Da* el 10% de tu salario

 Sigue los consejos de los expertos (*Da* el 10% de su salario):

La Biblia nos guía a dar al menos el 10% de nuestros ingresos a la obra de Dios. Esta disciplina nos ayuda a confiar en que Dios es nuestro proveedor. Esto afloja el enganche que tiene el dinero sobre nuestros corazones y nos da la alegría de la generosidad. "Ese gozo viene de imitar a Dios, de quien proviene todo regalo que es bueno y perfecto. Él te dio a Jesucristo, y Jesús dio su vida para darte vida, así que dar es una de las mejores formas de imitar a Jesús y a su Padre. Es un acto de adoración que te recuerda que todo lo que tienes es un regalo. Como Dios te permite trabajar, el 100% de tu salario proviene de Él. Retribuir el 10% es el punto de partida, pero a medida que Dios te proporciona más ingresos, considera aumentar el porcentaje que das al trabajo del Señor" (Jeff Hostetter).

 Pregúntate (*Da* el 10% de su salario):

¿Es el miedo o el egoísmo que me evita diezmar?

_____

_____

¿Qué porcentaje de mi salario le estoy dando ahora y lo que planeo hacer para aumentarlo?

_____

_____

¿Controlo el dinero o el dinero me controla a mí?

_____

_____

¿Quién de mis mentores me pueden compartir su experiencia en esta área?

_____

_____

 Meditada en estas escrituras (*Da* el 10% de tu salario):

Los mayordomos de Dios se dan cuenta de que su dinero no es suyo, sino que debe ser usado para los propósitos de Dios. Salmo 37:21: *"El impío toma prestado, y no paga; Mas el justo tiene misericordia, y da."*

Dios te bendice para que puedas bendecir a los demás. 2 Corintios 9: 6-11: *"Pero esto digo: El que siembra escasamente, también segará escasamente; y el que siembra generosamente, generosamente también segará. Cada uno dé como propuso en su corazón: no con tristeza, ni por necesidad, porque Dios ama al dador alegre. Y poderoso es Dios para hacer que abunde en vosotros toda gracia, a fin de que, teniendo siempre en todas las cosas todo lo suficiente, abundéis para toda buena obra; como está escrito: Repartió, dio a los pobres; Su justicia permanece para siempre. Y el que da semilla al que siembra, y pan al que come, proveerá y multiplicará vuestra sementera, y aumentará los frutos de vuestra justicia, para que estéis enriquecidos en todo para toda liberalidad, la cual produce por medio de nosotros acción de gracias a Dios."*

 ## *Observa* adolescentes que siguen consejos:

Llegando sin aire a la casa de María, Alejandro anunció triunfalmente su noticia, "Ok, he encontrado una solución para nosotros. ¡Te va a encantar!

María no estaba tan segura. Después de sumar todos sus costos proyectados y luego agregar aún más para los inesperados, ambos se sintieron completamente abrumados. "Ok, estoy lista para escuchar el plan," dijo de manera poco convincente.

"No podemos cubrir el alquiler, ni el horno, ni nada de eso en este momento. ¡Ok, lo entiendo! Pero hablé con mi tía. Ella tiene un negocio de catering y dijo que la mayoría de las semanas, no usa su cocina durante la semana porque las órdenes usualmente vienen para grandes eventos durante el fin de semana. Entonces, si nos

148

ocupamos de todo, lo limpiamos muy bien y le pagamos el 10% de lo que ganamos, ¡podemos usar su cocina! Entonces, todo lo que necesitamos comprar son los suministros de alimentos, ¡luego hacemos las tortillas y las vendemos!"

"Está bien..." María respondió lentamente y de manera pensativa. "Pero, necesitamos averiguar cuantas tortillas debemos hacer. Y tenemos que presupuestar todo lo que necesitaremos para transportarlos. Pero tal vez esto puede funcionar. No estoy segura, pero verifiquemos nuevamente los números, ¡y varias veces más!" ¡Alejandro realmente fue un buen negociador! Además, ahora sabían cuánto necesitarían ahorrar para abrir un día su propia tienda.

 Evita estos cinco errores principales:

1. Subestimar los costos de operar tu negocio.
2. No mantener tus finanzas personales y comerciales separadas.
3. Invertir demasiado dinero en el inventario.
4. Competir con el precio en vez de la calidad.
5. No monitorear los gastos ni analizar las tendencias.

 Desarrolla estos cinco hábitos principales:

1. Ahorra cada semana en una cuenta separada. Comienza ahora aunque sea una cantidad pequeña, luego auméntalo en cuanto puedas.

2. Haz todo lo posible sin préstamos y si tienes prestamos págalo lo más rápido posible.

3. Siempre saber a dónde va todo tu dinero.

4. Paga a tus empleados antes de pagar otros gastos. Nunca falles un día de pago.

5. Sigue trabajando para acelerar tu flujo de efectivo (dinero).

 Sigue este ejemplo real hondureño:

Cuando conoces a Suyapa Parafita por primera vez con su cabello largo y lacio, una mirada amable y su cálido abrazo ves la persona cariñosa que es. Es probable que te haga varias preguntas para así conocerte mejor y para demostrarte que le importas. Su otro lado es igual de impresionante: ella es una empresaria veterana que puede tomar decisiones difíciles y equilibrar múltiples negocios con éxito. Al mismo tiempo, ella es una devota esposa, madre, miembro de la iglesia y mentora de negocios. ¿Cómo lo hace todo? Ella dice: "por la gracia de Dios." En este caso podrás ver como ella ha aplicado el consejo de este módulo sobre el dinero. Así es como ella se lo explicó a Odile Pérez.

Suyapa con su esposo e hijo.

Suyapa Parafita: *"Abrimos Salud Natural para ayudar a promover estilos de vida más saludables para nuestros compañeros hondureños mediante la venta de remedios y suplementos homeopáticos. Con los años, aprendimos como administrar correctamente el dinero en un negocio.*

Una de las primeras prácticas monetarias que comenzamos a implementar fue ahorrar mensualmente los salarios adicionales que la ley hondureña exige que paguemos a nuestros empleados en junio y diciembre. Para evitar el estrés de no tener el dinero disponible a la hora de hacer el pago, comenzamos a separar una cantidad fija cada mes. Este dinero lo depositamos directamente en una cuenta aparte para ese propósito. Esto nos ayudó a poder cumplir con nuestros empleados sin todo el estrés de tener que buscar el dinero a el último minuto.

Cuando descubrimos que era necesario obtener nuestro primer préstamo comercial, sólo pedimos prestado lo que realmente se necesitaba para comprar el inventario. Ese inventario adicional generó suficiente dinero para pagar el préstamo a tiempo, lo que abrió la puerta a futuros préstamos. Para administrar el dinero adecuadamente, hemos tenido que aprender a realizar un seguimiento eficaz del inventario. Esta no es una tarea fácil. Puede ser abrumador y frustrante rastrear cientos de productos ya que hay aspectos más allá de nuestro control. Por ejemplo, en varias ocasiones la aduana atrasó nuestras órdenes de los proveedores. ¡Nuestros clientes no estaban contentos! Perdimos ventas cuando nos quedamos sin los artículos de mayor venta, mientras que otras veces teníamos demasiado dinero paralizado en inventario que no se vendía. Para evitar esto, comenzamos a pedir a nuestros proveedores con mayor frecuencia y nos enfocamos en productos de mayor demanda y que se vendieran más rápido.

Hace un año también comenzamos a verificar y analizar nuestro estado de flujo de efectivo y a hacer un seguimiento de nuestros gastos más importantes. Esta es una de las mejores herramientas para ver cómo gastamos nuestro dinero y como administrarlo mejor. Después de revisar con cautela y a profundidad nuestros gastos, nos dimos cuenta de que necesitábamos modificar ciertos comportamientos. Por ejemplo, comenzamos a reducir los incentivos adicionales que estábamos ofreciendo a nuestros clientes y redirigimos este dinero para pagar nuestro inventario.

También comenzamos a calcular el margen de ganancia de cada producto. Con base al margen de ganancia, determinamos si vender o no un producto o si tener más de otro. Nuestro negocio se benefició enormemente al dejar de vender productos con bajos márgenes y de poco demanda, y comenzamos a ofrecer productos con mayores márgenes y de mayor demanda. Además, nunca empezamos una guerra contra los precios. En cambio, permitimos que nuestra alta calidad de servicio y de nuestros productos satisfagan a nuestros clientes hasta el punto de que estén dispuestos a pagar el precio.

Por último, hemos aprendido a incentivar a los clientes a pagarnos de inmediato en lugar de comprar a crédito. Al ofrecer un pequeño descuento por compras en efectivo, aumentamos drásticamente nuestro flujo de efectivo. Esto redujo nuestro estrés ya que pudimos pagar nuestras facturas a tiempo y reponer nuestro inventario. Como empresa hemos avanzado en la forma de administrar nuestro dinero, pero comprendemos la necesidad de seguir creciendo en esta área ya que es la mejor manera de garantizar la longevidad y la sostenibilidad de nuestro negocio."

en cuenta que en el negocio de Suyapa, todas las partes del consejo experto de este módulo están intrincadamente conectadas. En un negocio de la vida real, no son lecciones separadas y sin relación. Al contrario, los ahorros, los préstamos, el inventario, los márgenes de seguimiento y el flujo de caja funcionan mano a mano. Una debilidad en un área puede causar estragos en las otras áreas. Por ende, seguir las mejores prácticas en cada área fortalece a los demás.

 Hazlo con tu grupo:

Susana vende pupusas en el mercado del Centro. Después de leer *Start*Book, quiere hacerla receta de pupusa de su abuela con el más alto nivel de excelencia y venderla a un precio rentable. ¿Cuáles son algunas cosas que harían que los clientes se sientan bien al pagar un 10% más que los que cobran los competidores alrededor?

Guía para el/la maestro/a: Las posibles respuestas incluyen: servicio amigable, mejores ingredientes, más variedad, alimentos frescos, calientes, entregados y alimentos protegidos de insectos, mejores envases, y/o condimentos y servilletas disponibles.

Aplica este módulo con:

ORACIÓN - Pedirle a Dios lo mucho que debe dar a su obra. Orar acerca de como manejar la situación cuando los amigos o familiares me pidan dinero de mi negocio.

INVESTIGACIÓN – Hacer investigaciones sobre las opciones de préstamos y tasas. Averiguar que competidores están cobrando por productos similares a los míos y si los venden a crédito.

CREATIVIDAD - Escribir un plan de ahorro, incluyendo cuánto quiero ahorrar semanalmente con qué propósito.

ACCIÓN - Abrir una cuenta de ahorro comercial y considerar unirme a una asociación de ahorro.

CLIENTES - Preguntar a los clientes potenciales si planea pagar algo a crédito y si van a hacer un depósito para grandes pedidos.

MENTORES - Obtener ayuda cuando sea necesario con los cálculos anteriores. Preguntar sobre su experiencia en aprender a diezmar.

DINERO - Separar mis finanzas del negocio de mis finanzas personales. Comenzar a ahorrar una porción de las finanzas de la empresa cada semana. Estimar cuándo y cuánto debo comenzar a pagarme a mí mismo. Esta semana dar más de lo habitual en la obra de Dios y reflexionar sobre como "el dar" afecta a mi corazón. Estimar los costos por categoría para mi lanzamiento y mis operaciones comerciales en curso. Sumar todos los gastos comerciales del último mes e identificar mis cinco principales categorías de gastos. Agregar la cantidad de unidades vendidas por cada producto en un mes y luego decidir cuántas materias primas debo pedir y con qué frecuencia. Calcular mi punto de equilibrio (de balance) y el margen de beneficio para cada producto, luego

154

considerar si debo disminuir mis costos de producción, aumentar mis precios o vender más o menos de ciertos productos.

TIEMPO - Estimar cuánto tiempo se tardará en ahorrar mis costos de lanzamiento. Dedicar un tiempo cada día para rastrear mis gastos actuales. Separar un espacio de tiempo cada mes para calcular mis cinco gastos y discutirlos con mi mentor o mis mentores.

 Practica estos valores:

Integridad - Todos quieren hacer negocios con personas que cumplen sus promesas y que son integras. La posibilidad de atraer más clientes motiva a los emprendedores a vivir con integridad. Hacer trampa a los demás da beneficios a corto plazo, pero el éxito a largo plazo se logra al generar confianza.

Excelencia - La rentabilidad es lo que mejor te indica el nivel de excelencia que estás proveyéndoles a tus clientes. Lo mismo se aplica a si tus clientes te pagan con gusto un precio más alto por tu producto o servicio (como lo haces en un restaurante elegante en vez de un restaurante de comida rápida).

Mayordomía - Ahorrando, dando y usando el dinero de una manera eficiente es la respuesta correcta al hecho de que todo pertenece a Dios y Él está confiando en que seremos responsables con el dinero.

Dignidad - La creación de Dios continua derramando bendiciones año tras año, así que el construir negocios que continúen creando riquezas nos recuerda de nuestra dignidad como las únicas criaturas que comparla imagen del Creador.

155

Evalúa el negocio de los adolescentes:

Alejandro y María han encontrado una solución creativa para minimizar el costo de comenzar su negocio. Encontrar maneras de no gastar dinero es una lección importante para los empresarios.

Imagina que Alejandro y María vienen adónde ti y te pidieron un préstamo. Planean usar tu dinero para comprar lo que necesitan para comercializar su negocio, hacer tortillas y entregarlas. ¿Qué preguntas les harías antes de aceptar prestarles dinero?

- ¿Cuánto dinero crees que necesitarán para comenzar?

- ¿Cuánto dinero crees que pueden ganar semanalmente?

- ¿Cuánto tiempo les tomará pagar su préstamo con intereses?

En Resumen:

El dinero es emocionante, pero monitorear los números con lápiz y papel (es decir detalladamente) no lo es. Si no aprendes a analizar tu dinero, estás volando a ciegas y eventualmente tu negocio pagará las consecuencias. Pídele ayuda a uno de tus mentores para que puedas adoptar esta disciplina. ¡Sin duda valdrá la pena! Haz buenos planes con el dinero y sigue el plan. Te alegrarás de haberlo hecho, ya que las empresas rentables no aparecen mágicamente. Al contrario, crecen a través del esfuerzo disciplinado a lo largo del tiempo. Eres el administrador de Dios sobre los recursos que Él te ha confiado y espera que los multiplique para suplir las necesidades de tu familia y comunidad.

Usa tu Plan de *Start*Book:

Ahora que has completado este módulo, completa tu Plan de *Start*Book en la siguiente página. Piensa en lo que has aprendido y elige la meta más importante de este módulo para aplicar a tu negocio durante los próximos 12 meses. Escribe tu objetivo, tres acciones para lograr y las fechas para completar cada acción. Consulta tu Plan de *Start*Book a menudo como una herramienta para hacer crecer tu negocio.

Plan de *Start*Book

4. Dinero

Síntesis del módulo: Nunca hay suficiente dinero para todo, por lo que debes orientarlo hacia tus prioridades. Sigue cuidadosamente estas mejores prácticas para controlar tu dinero y con paciencia y paulatina-mente crear riqueza.

Mi meta # 1 de "Dinero" en los próximos 12 meses:

Mis 3 pasos por seguir para cumplir ésta meta:

1.

La fecha de hoy:_____. Fecha ideal para cumplir la meta:_____. Fecha de cuando se cumplió la meta:_____.

2.

La fecha de hoy:_____. Fecha ideal para cumplir la meta:_____. Fecha de cuando se cumplió la meta:_____.

3.

La fecha de hoy:_____. Fecha ideal para cumplir la meta:_____. Fecha de cuando se cumplió la meta:_____.

5. Lanzamiento

Síntesis del módulo: Presta atención a éstos detalles importantes para planificar un lanzamiento exitoso.

Módulo 5: LANZAMIENTO

 Lee la sinopsis del módulo: Presta atención a estos detalles importantes para planificar un lanzamiento exitoso.

 Observa adolescentes que necesitan consejos:

Un sábado, después de revisar sus finanzas, Alejandro comenzó a hablar con entusiasmo, "Bueno María, nos llevó dos meses hacer todo el trabajo que pudimos encontrar, y ahorrar cada lempira que pudimos, pero ¡guau! Ahora tenemos el dinero. ¡Es hora de irnos!"

María sonrió. El optimismo eterno de Alejandro los había mantenido motivados mientras se preparaban para este día. Ella no pudo evitar sentirse feliz. "¡Es bueno! Y después de trabajar tan duro para ahorrar este dinero, creo que ahora seremos más cautelosos con él. Revisemos nuestro plan de lanzamiento nuevamente."

Alejandro repasó los detalles. "Ok, tenemos nuestro menú y cuatro de las tortillas más deliciosas que puedas desear. En mi fiesta de cumpleaños de la semana pasada, ¡todos dijeron que eran las mejores tortillas que habían probado! Ahora, sabemos que los estudiantes en la universidad siempre tienen hambre. Entonces, este es el plan: tomamos fotos de nuestra increíble comida, colocamos carteles por todo el campus y corremos la voz: "¡te traemos tu almuerzo!" Nos dicen lo que quieren, lo hacen, lo entrego, y luego lo limpiamos juntos. ¡No puedo esperar!"

Una semana después, Alejandro y María se miraron desesperados. "¡Tenemos un problema, Alejandro! Tenemos cientos de pedidos de tortillas, pero sólo compré suministros para cincuenta. ¡Además, no puedes entregar cien tortillas al mismo tiempo! ¿Qué vamos a hacer?"

Lección 5A: *Busca* una buena ubicación

Sigue los consejos de los expertos (*Busca* una buena ubicación):

Si es importante vender en un lugar que sea visible y conveniente para tus clientes, considera esto al elegir una ubicación. Si dicho espacio (tienda de la esquina, quiosco del centro comercial) es caro y pequeño, decide si tiene sentido tener diferentes lugares para la venta y la producción del producto. Para servicios tales como limpieza de casas o plomería, trabajas en las ubicaciones de sus clientes pero necesitarás un lugar para almacenar tus herramientas. Haz una lista de las necesidades y una lista de los deseos con respecto a tu (s) ubicación (es).

Es posible que no puedas permitirte comenzar en tu ubicación ideal. Comienza poco a poco para saber si tus ventas respaldarán un lugar con mayor renta. Tal vez un miembro de la familia o un amigo tiene una ubicación que puedas utilizar por un precio descontado por un período de tiempo. Págale al menos una pequeña cantidad (que sea una transacción digna y no una obra de caridad) y haz el contrato de alquiler por escrito.

Instala un letrero donde promociones los productos que vendes. Haz tu letrero desde *el primer día* que estés en ese lugar. Haz que tu logotipo y lema sea lo más grande posible para que los transeúntes sepan instantáneamente lo que les ofreces. No incluyas tu número de teléfono para que no atraigas el tipo de atención equivocada.

 Pregúntate (*Busca* una buena ubicación):

¿Produciré y venderé en el mismo o diferentes espacios?

_____

_____

¿Puedo usar mi casa inicialmente para uno o ambos?

_____

_____

En mi lista de deseos de ubicación, ¿qué atributos son *necesarios* y cuáles son los *deseos*?

_____

_____

¿Tengo amigos o familiares con una ubicación que pueda usar a bajo costo?

_____

_____

¿Puedo cambiar mis productos por al menos una parte del alquiler?

_____

_____

¿Mi ubicación preferida es conveniente para mis mejores clientes?

_____

_____

¿Es lo suficientemente visible como para atraer nuevos clientes?

_____

_____

¿Cuál será el tamaño, la ubicación, los colores y el contenido de mi cartel?

_____

_____

¿Quién lo producirá y cuándo?

_____

_____

¿Cuánto tengo que ahorrar para que mi letrero esté listo el día de la inauguración?

_____

_____

¿Qué precauciones tomaré para asegurar la propiedad y evitar atraer una atención no deseada?

_____

_____

 Meditada en estas escrituras (*Busca una ubicación buena*):

Una ubicación cercana a sus clientes los pone primero. Filipenses 2: 3-4: "*Nada hagáis por contienda o por vanagloria; antes bien con humildad, estimando cada uno a los demás como superiores a él mismo; no mirando cada uno por lo suyo propio, sino cada cual también por lo de los otros.*"

Lección 5B: *Adquiere* las herramientas correctas

 Sigue los consejos de los expertos (*Adquiere* las herramientas correctas):

Si bien es posible que no puedas pagar inmediatamente las mejores herramientas y equipos, debes tener lo mínimo indispensable. Es posible que tengas que hacer manualmente un trabajo que una máquina pudiera hacer mucho más rápido que tu. Pero promover que tu trabajo fue "hecho a mano" puede ser un punto de venta muy atractivo para tus clientes. Esta es un área en la que debe entrar tu creatividad dada por Dios. ¿Qué herramienta puedes pedir prestada, alquilar, hacer o intercambiar por algo que tienes? No dejes que este problema te paralice; con suficiente corazón y acción, encontrarás una manera de obtener mejores herramientas a lo largo del tiempo hasta que tengas las mejores disponibles. Establece metas para cuando planeas ahorrar lo suficiente para adquirir las mejores herramientas.

 Pregúntate (*Adquiere* las herramientas correctas):

¿Cuál es la cantidad mínima de herramienta que necesitaré para iniciar mi negocio y cómo puedo adquirirlas creativamente con fondos limitados?

_____

_____

¿Quién cree en mí y que pueda ayudarme a pensar en soluciones a esta necesidad?

_____

_____

¿Cuál es mi plan y mi cronograma para pasar de las herramientas básicas a las mejores disponibles?

_____

_____

 Meditada en estas escrituras (*Adquiere* las herramientas correctas):

Las herramientas mantenidas correctamente pueden aumentar su eficiencia. Eclesiastés 10:10 : *"Si se embotare el hierro, y su filo no fuere amolado, hay que añadir entonces más fuerza; pero la sabiduría es provechosa para dirigir."*

Lección 5C: *Cumple* con los requisitos gubernamentales

 Sigue los consejos de los expertos (*Cumple* con los requisitos gubernamentales):

Apréndete los registros, las regulaciones y los impuestos con los que tienes que cumplir. Mientras que un pequeño pasatiempo no requiere de registro gubernamental, averigua a que nivel de ingresos estás obligado a formalizar tu negocio. Pídele asesoría a un empresario establecido o un abogado que sepa el camino (es decir las leyes). A cumplir con las normas gubernamentales de los impuestos y cargos puede reducir tus ganancias, esto honra a Dios (Romanos - pagar sus impuestos, dar a cesar lo del cesar.) y esto le dejará saber a los clientes potenciales que eres es un negocio legítimo.

 ### *Pregúntate* (*Cumple* con los requisitos gubernamentales):

¿Quién puede ayudarme con los requisitos de mi gobierno local y cómo seguirlos?

_____

_____

¿Creo que Dios me bendecirá cuando lo obedezco?

_____

_____

¿Confío en que Dios me cuidará cuando los impuestos amenazan con paralizar mi negocio?

_____

_____

Si hago trampa en mis impuestos, ¿qué otros atajos podría tener la tentación de tomar?

¿Para quién puedo ser un buen ejemplo en esta área?

 Meditada en estas escrituras (*Cumple* con los requisitos gubernamentales):

Seguir la ley refleja nuestra sumisión a Dios. Romanos 13:1 : *"Sométase toda persona a las autoridades superiores; porque no hay autoridad sino de parte de Dios, y las que hay, por Dios han sido establecidas."*

El gobierno tiene derechos legítimos, pero no definitivos, sobre usted. Mateo 22:19-21: *"Mostradme la moneda del tributo. Y ellos le presentaron un denario. Entonces les dijo: ¿De quién es esta imagen, y la inscripción? Le dijeron: De César. Y les dijo: Dad, pues, a César lo que es de César, y a Dios lo que es de Dios."*

Lección 5D: *Abre* tu cuenta bancaria de negocios (comercial)

Sigue los consejos de los expertos (*Abre* tu cuenta bancaria de negocios (comercial):

Abre tus cuentas corrientes y de ahorros comerciales en un banco comunitario local que ofrezca préstamos para pequeñas empresas en tu industria (consulte la sección sobre cómo ahorrar en el módulo sobre dinero). Ojalá que este sea el banco con cual has establecido un buen historial bancario a través de tu cuenta de cheques personal. Cada vez que escribes un cheque, balancea tu cuenta de una vez para que nunca escribas o des un cheque sin fondos. Es muy costoso tener que pagar muchos honorarios (multas) y el banco va perdiendo la confianza en ti. Si alguna vez solicitas un préstamo, el oficial de préstamos del banco verificará tu historial bancario.

Pregúntate (*Abre* tu cuenta bancaria de negocios (comercial):

¿Si es necesario, qué banco es más probable que le preste dinero a mi empresa en el futuro?

_____

_____

¿Tengo un buen historial en mi banco personal actual o debo comenzar de nuevo en otro lugar?

_____

¿Qué banco aconsejan mis padres y mentores que use?

¿Debo aprender a equilibrar (balancear) un talonario de cheques?

¿Cuándo abriré mis cuentas corrientes y de ahorros comerciales?

 Meditada en estas escrituras (*Abre* tu cuenta bancaria de negocios (comercial):

Usar un banco lo ayuda a proteger, movilizar y rastrear sus recursos. 1 Corintios 14:33 : "Pues Dios no es Dios de confusión, sino de paz. Como en todas las iglesias de los santos."

171

Lección 5E: *Protege* tu negocio a través de un seguro para negocios pequeños

 Sigue los consejos de los expertos (*Protege* tu negocio a través de un seguro para negocios pequeños):

Los tipos de seguro comercial para pequeños negocios son responsabilidad general y automóvil comercial. Estos tipos de seguros te reembolsarán las pérdidas por robo, inundación, incendio o accidente. Discute con un mentor o agente de seguros qué tipos de seguro y cuánta cobertura necesita en este momento tu negocio. Cuanto más tengas que perder, más importante es que tenga un seguro.

Aquellos que no compran seguro desde su lanzamiento, muchas veces lo posponen hasta que es demasiado tarde como leerás en el caso de estudio de este módulo. El costo del seguro es muy pequeño en comparación con el beneficio que ofrece. Incluso si nunca tienes que usarlo, le ofrece la tranquilidad de que tus años de inversión no se destruirán en un momento.

El seguro no es ilimitado, sino que espera que tomes las precauciones necesarias contra las pérdidas. Si la pérdida resulta ser resultado de tu negligencia, es probable que el seguro no cumpla con tu reclamo. Así que debes ser sabio.

Dios es tu Proveedor, por lo que solo Él es digno de tu confianza absoluta. Sin embargo, el seguro es una de las cosas buenas que Él te proporciona a través del negocio. Puede ser una de las maneras en que Él provee para ti.

Pregúntate (*Protege* tu negocio a través de un seguro para negocios pequeños):

¿Cuáles son las cosas más importantes que podrían salir mal en mi negocio y existe algún tipo de seguro que pueda cubrir esa pérdida?

_____

_____

¿Cuál de mis mentores puede enseñarme sobre seguros y recomendarme un agente de seguros de confianza?

_____

_____

¿Qué precauciones puedo tomar contra las pérdidas?

_____

_____

¿Cuándo y cuánto seguro necesitaré?

_____

_____

 Meditada en estas escrituras (*Protege* tu negocio con un seguro para negocios pequeños):

173

Tener discreción conduce a la seguridad. Proverbios 3: 21-26: *"Hijo mío, no se aparestas cosas de tus ojos; Guarda la ley y el consejo, Y serán vida a tu alma, Y gracia a tu cuello. Entonces andarás por tu camino confiadamente, Y tu pie no tropezará. Cuando te acuestes, no tendrás temor, Sino que te acostarás, y tu sueño será grato. No tendrás temor de pavor repentino, Ni de la ruina de los impíos cuando viniere, Porque Jehová será tu confianza, Y él preservará tu pie de quedar preso."*

Lección 5F: *Obtén* retroalimentación a través de un lanzamiento suave

Sigue los consejos de los expertos (*Obtén* retroalimentación a través de un lanzamiento suave):

Antes de su gran apertura al público, organiza un lanzamiento suave con familiares, amigos y mentores. Solicita persistentemente comentarios críticos para que puedas mejorar tus productos y la forma en que los entrega. Si vendes desde una ubicación física, obtén comentarios sobre tu diseño, decoración, el empaque de tu producto y tus exhibiciones del producto, luego haz todas las mejoras necesarias entre tu lanzamiento suave y la gran inauguración. Haz lo mismo con tu página web y página de Facebook.

Pregúntate (*Obtén* retroalimentación a través de un lanzamiento suave):

174

¿A quién voy a invitar a mi lanzamiento suave?

_____

_____

¿Qué preguntas le puedo hacer para conseguir su retroalimentación honesta, incluso crítica?

_____

_____

¿Cuando va a ser mi primer lanzamiento?

_____

_____

¿Qué preparativos necesito hacer?

_____

_____

 Meditada en estas escrituras (Obtén retroalimentación a través de un lanzamiento suave):

Las personas que se preocupan por ti pueden ayudarte a ver tus puntos ciegos. Proverbios 15:22: *"Los pensamientos son frustrados donde no hay consejo; Mas en la multitud de consejeros se afirman.*

175

Lección 5G: *Publica* una gran apertura

Sigue los consejos de los expertos (*Publica* una gran apertura):

¡Comienza con una explosión! Haz correr la voz de todas las formas posibles y ofertas especiales (premios, muestras o descuentos) para atraer a la gente. decoraciones especiales y crea una buena impresión con tu amabilidad y excelencia. Si es posible, obtén la información de contacto de tus primeros clientes para que el futuro puedas informarles sobre ofertas especiales, nuevos productos o servicios. Invita a tus mentores, familiares y amigos para ellos también lo apoyen. Proporciona materiales de marketing para que los participantes se lo puedan llevar y puedan conocer más sobre tu negocio. "Gran" no significa "perfecto," ya que tus habilidades, equipos y ubicación por un tiempo serán un trabajo en progreso. Retrasar el lanzamiento es el miedo enmascarado a través de varias excusas. ¡Levántate al desafío; el Señor está contigo!

Pregúntate (*Publica* una gran apertura):

¿Cuáles son todas las formas en que la puedo dar a conocer mi gran apertura?

_____

_____

¿Qué experiencia quiero darles a mis clientes?

176

_____

_____

¿Qué ofertas voy a dar para atraer a una multitud?

_____

_____

¿Cómo voy a decorar la ubicación?

_____

_____

¿Cuándo voy a tener mi gran apertura y qué miedos intentarán tentarme a retrasarlo por mucho tiempo?

_____

_____

¿Qué materiales de marketing voy a entregar?

_____

_____

 Meditada en estas escrituras (_Publica_ una gran apertura):

El trabajo de preparar y promocionar su lanzamiento vale la pena. Proverbios 14:23: "_En toda labor hay fruto; Mas las vanas palabras de los labios empobrecen._"

Observa adolescentes que siguen consejos:

Dos semanas después, Alejandro y María se sentaron a revisar el estado de sus negocios. Había costado mucho dinero imprimir una segunda ronda de carteles, pero tuvieron que subir los precios para poder contratar a dos personas más para ayudar con las entregas durante el almuerzo y para ayudar a limpiar la cocina antes de que la tía de Alejandro la necesitará. Aún así, Mario y su hermano estaban agradecidos por el trabajo.

Además, docenas de personas se sintieron frustradas porque no pudieron obtener una tortilla "soñada" la primera semana. Pero entonces, Alejandro y María se sorprendieron de que esto sólo hubiera aumentado el deseo de los estudiantes de volver a intentarlo al día siguiente, ¡y al siguiente! Después de compartir su problema con un mentor, sus carteles ahora con orgullo decían: "¡Sólo atiendo a los primeros doscientos clientes al día, persigan el sueño mientras puedan!" La inesperada escasez de sus deliciosas tortillas les permitía todos los días vender todo y podía planificar exactamente cuánta comida comprar por las mañanas.

"Así que Alejandro, tenías razón, ¡esto está yendo genial!", dijo María. "Nunca pensé que todos los días venderíamos todo y quedarnos sin nada. Y hasta hemos contratado a Mario. Pero, ¿qué sigue? Es emocionante ver a todos hablando de nuestra comida, pero no sé cómo vamos a estar listos para vender más de doscientas tortillas por día."

Evita estos cinco errores principales:

1. Comenzar con una ubicación que no puedas pagar.
2. No registrar tu negocio con el gobierno.
3. Gastar demasiado en tu gran apertura.
4. No instalar un letrero lo suficientemente grande, lo suficientemente claro y lo suficientemente profesional como para atraer nuevos clientes.
5. No proteger tu negocio con un seguro.

 Desarrolla estos cinco hábitos principales:

1. Continuamente actualiza tus herramientas hasta que tengas lo mejor.
2. Crear buenas relaciones con tus clientes.
3. Paga tus impuestos.
4. Sigue trabajando para obtener credenciales que generen confianza con los clientes.
5. Reunirte regularmente con un oficial de préstamos bancarios.

 Sigue este ejemplo real hondureño:

Las cuatro hijas de Héctor son bendecidas porque él es el papá que muchos desearían tener. Héctor David Euceda es un hombre de físico grande pero inofensivo, es más probable que derrame una lágrima qué de un golpe. Su sonrisa cálida no muestra los dientes, pero muestra que es amable y a la vez reservado. Esa sonrisa casi cierra sus ojos, pero no puedes perderte sus cejas rugosas que se elevan como montañas. Su gran corazón es evidente en la forma en que ayuda a rehabilitar a sus empleados con problemas y como él sueña con construir centros de rehabilitación de drogas con las ganancias de su negocio. Cuando se enteró de que a nuestro amigo haitiano Cereste, se le destruyó el techo de su panadería en el terremoto de 2010, inmediatamente sacó $200 dólares de su billetera para reconstruirle el techo. ¡Un acto muy generoso! Héctor incluso planea crear 2,000 empleos para bendecir a su país. Es bastante ambicioso y a la vez muy humilde, como verás en los errores que admite a continuación. Incluso, con su historia aprenderás el peligro de <u>no</u> seguir los consejos de expertos de este módulo. Esto es lo que Héctor le compartió a Odile Pérez.

La fábrica de muebles de Héctor y Telma en fuego el 27 de
Octubre del 2015

Las secuelas del incendio

Héctor con su esposa, Telma, e hija en frente de los muebles que ellos fabrican.

Héctor Euceda: *"Mi esposa (Telma Muñoz Colindres) y yo abrimos un negocio de muebles, Muebles Ripressa, en enero de 2005 con sólo 5,000 Lempiras y una máquina en la casa de un empleado. Comenzamos sin capital, pero con un gran sueño de crear muchos trabajos para nuestro país. Diez años más tarde, habíamos acumulado hasta 45 clientes leales que compraban muebles, resultando en 1 millón de Lempiras en ventas cada mes. Sin embargo, a pesar de nuestro crecimiento y prosperidad, las cosas no se estaban haciendo correctamente. Esto quedó claro el 27 de octubre de 2015 cuando un incendio destruyó todo en nuestra fábrica. Fue causado por un problema eléctrico en un negocio que estaba en el mismo edificio que el nuestro. Afortunadamente, no había nadie en el edificio ya que ese día cerramos temprano. Cuando escuché las noticias, dije ésta oración: 'Dios, tú sabes por qué haces las cosas. Por favor, dame sabiduría y tu fortaleza para manejar ésta situación.' Cuando llegué al almacén y lo vi en llamas, me sentí preocupado y triste de ver que nuestros años de trabajo se desvanecía con el fuego. Pero gracias a Dios, todavía sentía una sensación de calma y paz.*

Había endeudo mi empresa sin necesidad, debiendo un 50% más que nuestros activos. Nuestra fábrica se quemó, pero nuestras deudas no. Esta tragedia expuso nuestra realidad; estábamos haciendo cosas por inercia e ignorancia financiera. Aunque recibimos consejos de Creating Jobs Inc, no lo aplicamos como debíamos. Uno de nuestros mayores errores fue que en 2015 no pagamos nuestro seguro comercial ya que no parecía importante, dejándonos vulnerables cuando sucedió lo impensable: ¡una pérdida de 4 millones en Lempiras!"

Evan señala que, igual como Héctor ayudó al panadero haitiano a reconstruir, él recibió ayuda de su familia de la iglesia, Creating Jobs Inc, y de otras personas para reconstruir su propio negocio. "Dad, y se os dará" como dijo Jesús en Lucas 6:38.

Héctor continúa: *"Esta vez, estábamos decididos a lanzarnos de la manera correcta cumpliendo con todos los requisitos del gobierno y buscando la sabiduría de un mentor de negocios (Saúl Contreras cuya* historia se relata en el módulo 2) *en nuestra iglesia. Un gran paso fue encontrar la ubicación correcta, especialmente una con bajo riesgo de incendio. Aquí hay algunas precauciones que hemos tomado: tenemos nuestros propios transformadores, y todo relacionado con nuestra electricidad fue realizado por profesionales para evitar otro cortocircuito. Cada área de trabajo tiene su propio extintor de incendios y está cerca de una salida de emergencia. Además, ahora no compartimos nuestra fábrica, nuestro espacio, con ningún otro negocio, por lo que no sufriremos por errores ajenos.*

También nos aseguramos de que nuestra nueva fábrica fuera asequible, accesible para los clientes y lo suficientemente grande para nuestras necesidades de producción, administrativas, y de tener una sala de exposición. Estamos en un lugar mucho más grande, pero la renta es la mitad del precio de la que se quemó. Luego, invertimos 250,000 Lempiras en herramientas, incluyendo cinco máquinas que nos ayudan a producir 500 piezas de muebles a la vez. Contratamos justo la cantidad necesaria de empleados y con la experiencia técnica adecuada: carpinteros, ebanistas, lijadoras, pintores y artesanos. Trabajamos inteligentemente pero también rápidamente, relanzando sólo un mes después del incendio. Llamamos a nuestros 12 clientes principales para dejarles saber 'estábamos activos nuevamente.

Finalmente hemos aprendido a administrar correctamente nuestras finanzas y proteger nuestro negocio con vigilancia. Entendemos que debemos gestionar los riesgos ya que los desafíos y contratiempos son inevitables, por lo tanto, ¡tenemos cuidado de pagar nuestro seguro a tiempo! Aunque ahora somos más cautelosos a la hora de tomar decisiones, nuestra visión continúa fortaleciéndonos ya que seguimos soñando con los 2,000 empleos que crearemos. El éxito es caerse, levantarse y seguir avanzando, pero dependiendo de Dios para hacerlo."

La vida tiene retos inesperados que pueden quebrantarte o pueden hacerte más sabio. Héctor y Telma fueron ciertamente más cautelosos a la hora de obtener los detalles correctos para su relanzamiento, pero sus grandes sueños ni su fe nunca se esfumaron. Por la gracia de Dios, tu también puedes tener cuidado al planear tu lanzamiento mientras sueñas en grande de lo que Él puede hacer a través de ti.

 Hazlo con tu grupo:

Divide la clase en tres grupos para clasificar del 1 al 7 estos factores al elegir un lugar donde vender sus productos: 1 siendo "el más importante" y el 7 "el menos importante". Los factores para clasificar son: precio accesible, muy visible, cerca del cliente, cerca del hogar del emprendedor, con un dueño confiable, un espacio suficientemente grande y un edificio atractivo (llamativo). Haz que los grupos compartan sus clasificaciones con todo el grupo y que expliquen sus motivos.

Guía para el/la maestro/a: proporciona papel y lápiz y haz que cada grupo designe a alguien para escribir y presentar sus clasificaciones.

 Aplica este módulo con:

ORACIÓN - Orar acerca de cuándo formalizar mi negocio y ayuda para confiar en Dios que Él va proveer a pesar de los impuestos irrazonablemente altos. Orar para saber cuando estoy listo para hacer lanzamiento (Llega un punto en el que una mayor preparación es menos valiosa que el aprendizaje que se obtiene al dirigir o manejar un negocio).

185

INVESTIGACIÓN - Buscar opciones de lugares para la producción y las ventas.

CREATIVIDAD - Anotar el tamaño, colocación, contenidos, colores y tipo de señal para mi ubicación. Hacer una lista de amigos, familiares y mentores para invitar a mi lanzamiento suave.

ACCIÓN - Abrir mi cuenta de cheques comercial. Obtener cotizaciones de dos firmas de seguros. Explorar los bancos que satisfagan mis necesidades. Descubrir los tipos de seguros que necesito y obtener cotizaciones de dos agentes. Planear, preparar y organizar mi gran inauguración.

CLIENTES – Promocionar mi gran noche de inauguración a un gran número de clientes potenciales.

MENTORES – Discutir qué equipo voy a necesitar y como conseguirlo. Obtener ayuda para navegar las regulaciones gubernamentales.

DINERO – Balancear mi chequera diariamente. Crear un presupuesto de lanzamiento con cantidades estimadas de ubicación, herramientas, capacitación, pago de empleados, tarifas gubernamentales, apertura de saldos bancarios, seguro y gran apertura.

TIEMPO - Ya que tengo más tiempo que dinero al principio, considerar que actividades de esfuerzo puedo hacer yo mismo en lugar de pagar a los proveedores para hacerlo.

 Practica estos valores.

Integridad- Cumplir con los requerimientos del gobierno demuestra tu obediencia a la Biblia. Vivir como quién dices ser es la definición de integridad.

186

Excelencia- Adquirir las mejores herramientas te puede permitir hacer mejor tu trabajo lo que imita el trabajo "muy bueno" de Dios.

Mayordomía- Al proteger tu negocio a través de tener un seguro honra la inversión de Dios en tus talentos y es tu responsabilidad de proveer para tu familia y empleados.

Dignidad- Si tu familia te ayuda con tu lanzamiento al proveerte con una ubicación o con algún equipo, págales algo ya que con el tiempo refuerzas en ellos la idea de que eres una persona que crea, no que consume, valor.

 Evalúa el negocio de los adolescentes:

Imagina que Alejandro y María te buscan para pedirte un consejo.

Repasa el consejo en este módulo. Luego, responde estas preguntas:

- ¿Qué han hecho bien hasta ahora?
- ¿Qué está yendo bien con el lanzamiento de su negocio?
- ¿Cómo los alentaría o ayudaría para que siguieran motivados?
- ¿Qué pasos importantes han pasado de por alto hasta ahora?
- ¿Qué acciones y hábitos les recomendaría que presatención antes de pensar en expandir su negocios?

En Resumen:

187

Lanzar un cohete al espacio requiere hitos mundanos y emocionantes que requieren tiempo y disciplina. Lo mismo pasa con tu negocio. Disfrutarás algunos de estos pasos más que otros, cada uno de ellos te prepararán para el éxito. ¡Que Dios esté contigo!

Usa tu Plan de *Start*Book:

Ahora que has completado este módulo, completa tu Plan de *Start*Book en la siguiente página. Piensa en lo que has aprendido y elige la meta más importante de este módulo para aplicar a tu negocio durante los próximos 12 meses. Escribe tu objetivo, tres acciones para lograr y las fechas para completar cada acción. Consulta tu Plan de *Start*Book a menudo como una herramienta para hacer crecer tu negocio.

Plan de *Start*Book

5. Lanzamiento

Síntesis del módulo: Presta atención a éstos detalles importantes para planificar un lanzamiento exitoso.

Mi meta # 1 de "Lanzamiento" en los próximos 12 meses:

Mis 3 pasos a seguir para cumplir ésta meta:

1.

La fecha de hoy:_____. Fecha ideal para cumplir la meta:_____. Fecha de cuando se cumplió la meta:_____.

2.

La fecha de hoy:_____. Fecha ideal para cumplir la meta:_____. Fecha de cuando se cumplió la meta:_____.

3.

La fecha de hoy:_____. Fecha ideal para cumplir la meta:_____. Fecha de cuando se cumplió la meta:_____.

6. Clientes

Síntesis del módulo: Identifica tus clientes ideales, encuentra tu mensaje para ellos, y busca los medios adecuados para llegar a ellos . Házlos tan felices que ellos te traigan a tus amigos.

Módulo 6: CLIENTES

 Lee la sinopsis del módulo: Identifica tus clientes ideales, encuentra tu mensaje para ellos, y busca los medios adecuados para llegar a ellos. Hazlos tan felices que ellos te traigan a tus amigos.

 Observa adolescentes que necesitan consejos:

Un mes después, María se sorprendió al ver tan pocos mensajes en su teléfono. "¡Alejandro, tenemos que hablar!, gritó. Las órdenes de almuerzos han disminuido. Sólo tenemos 156 ordenes tortillas ordenadas. Por lo general, teníamos más de 200 solicitudes.

Después de escuchar la noticia decepcionante, Alejandro dio su brillante sonrisa. "¡Tengo una idea! Cuando entreguemos las tortillas hoy, les preguntaremos a todos que está pasando en la escuela y si tienen alguna retroalimentación o idea para nosotros. ¡Me voy, nos vemos luego! Podemos aguantar un mal día, ¿verdad?

María suspiró. "Ok, cuento contigo! Necesitamos resolver esto. ¡Y cuentas conmigo en que hoy haré las mejores tortillas!"

Lección 6A: *Identifica* a tus clientes ideales

Sigue los consejos de los expertos (*Identifica a* tus clientes ideales):

En lugar de intentar venderle a todo el mundo, averigua qué tipo de persona es más probable que esté entusiasmado con sus productos. Averigua su edad, sexo, estado civil, ingresos, ocupación e intereses. Puede que no sean un individuo en absoluto. Si le vendes a una empresa que usa o revenden tus productos, averigua el tamaño y tipos de empresas que necesitan tu solución.

Una parte importante para identificar a tus clientes ideales es su ubicación. Las ventas más rentables son las que ocurren cerca de usted, ya que los clientes compran lo que necesitan cerca de casa y sería una tontería (incluso gastos innecesarios) enviar sus galletitas a otro país si puedes venderlas todas aquí (localmente). Claro esta que la entrega en línea (virtual) de productos software hace que la entrega sea factible mundialmente. Entonces, decida qué tan grande debe ser la geografía de su mercado.

Si intentas venderle a todo el mundo, puedes terminar vendiéndole a nadie. "Un ejército en todas partes es un ejército en ninguna parte" (Sun Tzu, <u>Art of War</u>). Así que concéntrate.

Pregúntate (*Identifica* a tus clientes ideales):

¿Qué tipo de persona o empresa me ha mostrado el mayor interés en mi producto o servicio?

_____

_____

¿Hay suficiente de ellos para mantener mi negocio?

_____

_____

¿Cuál es el límite geográfico al cual deseo venderle?

_____

_____

 Meditada en estas escrituras (*Identifica* a tus clientes ideales):

Sabiamente evalúa con quién estás tratando. Lucas 14: 31-32: *"¿O qué rey, al marchar a la guerra contra otro rey, no se sienta primero y considera si puede hacer frente con diez mil al que viene contra él con veinte mil? Y si no puede, cuando el otro está todavía lejos, le envía una embajada y le pide condiciones de paz."*

Lección 6B: *Escribe* mensajes de marketing sobre tu solución

 Sigue los consejos de los expertos (*Escribe* mensajes de marketing sobre tu solución):

Después de identificar el tipo y la ubicación de tus mejores clientes, puedes mejorar tus mensajes de marketing para mejor captar tus clientes. Desarrollara diferentes tipos de folletos según tu público, por ejemplo el folleto para un adolescente sería diferente al folleto que le darías a un campesino. Tienes que hablar su lenguaje. "Hazles sentir cómo que les estás hablando personalmente" (Lee Murray). Muéstrales cómo tus productos resuelven los problemas de sus clientes ideales y satisfacen sus necesidades.

Tu mensaje de marketing tiene dos partes: "título" (el titular) y "el contenido." El titular es el más importante porque los clientes deciden desde el titular si se tomarán el tiempo para leer el cuerpo. Hazlo corto, sorprendente y que se trate de tu público. Un título en forma de pregunta puede hacer que el cliente se ponga a pensar o reflexionar. No trates de decir todo, sólo despierta su curiosidad para seguir leyendo. Escribe muchos titulares posibles, luego elige los cinco mejores para recibir retroalimentación sobre ellos de parte de tus clientes, padres y mentores.

Justo debajo de tu título, el contenido debe exponer el título (el titular) y mostrar el valor que tu producto o servicio puede brindarles. Trate de llegar a ellos a un nivel emocional, ya que nuestros cerebros toman decisiones sobre la emoción más que sobre la razón. Tomamos más decisiones emocionales que racionales. Usa una historia, y si es posible usa una con las que ellos se puedan relacionar. Recuerda como la mayoría de los anuncios usan una historia.

 ## *Pregúntate* (*Escribe* mensajes de marketing sobre tu solución):

¿Qué clase de mensaje llegaría mejor a mis clientes ideales?

_____

_____

¿Qué historia los conectaría con mi solución?

_____

_____

¿Cuáles son los cinco titulares posibles que podría usar?

_____

_____

¿Cuál de ellos es el mejor según la opinión de mis mentores, padres y clientes?

_____

_____

¿En qué debería centrarme en el contenido de mi mensaje de marketing?

_____

_____

¿Funcionan bien mi título (titular) y mi cuerpo?

_____

_____

 Meditada en estas escrituras (*Escribe* mensajes de marketing sobre tu solución):

Requiere esfuerzo enfocarte en lo que puede hacer por los demás en lugar de decir lo que le venga a la mente. Proverbios 18:2: *"No toma placer el necio en la inteligencia, Sino en que su corazón se descubra."*

Lección 6C: *Imprime* tus materiales de marketing (mercadeo)

 Sigue los consejos de los expertos (*Imprime* tus materiales de marketing):

198

Descubre qué tipo de materiales de marketing usan tus clientes ideales para encontrar productos como el tuyo. Es posible imprimir una pequeña cantidad de estos materiales para ver si son efectivos: tarjetas de presentación, volantes, folletos, empaque del producto y letreros. Incluye tu logotipo y lema en cada uno. Asegúrate de que el esquema de colores de tus gráficos (imágenes) se ajusten a su logotipo. Imprime todos los materiales usando el mismo estilo, para que sea obvio que van juntos. Por supuesto, deberás ajustar la longitud del contenido de tu mensaje de marketing (mercadeo) para que se ajuste a los diferentes formatos.

 Pregúntate (*Imprime* tus materiales de marketing):

¿Qué tipos de materiales llegarán a mis clientes ideales?

_____

_____

¿Mis mentores me pueden recomendar una imprenta?

_____

_____

¿Qué combinación de colores va con mi logotipo?

_____

_____

¿Qué gráficos van con mi mensaje de marketing?

_____

_____

¿Cuál es mi presupuesto para esto?

_____

_____

 Meditada en estas escrituras (*Imprime* tus materiales de marketing):

Invierte en conectarte con tus clientes y serás recompensado. 2 Corintios 9: 6: "*Pero esto digo: El que siembra escasamente, también segará escasamente; y el que siembra generosamente, generosamente también segará.*"

Lección 6D: *Crea* tus canales de marketing

 Sigue los consejos de los expertos (*Crea* tus canales de marketing):

Descubre cómo tus clientes buscan tus productos y luego crea una presencia allí. Esto puede incluir una página web, página y/o publicidad en Facebook, Twitter y un canal de YouTube. Aprende a usarlos de manera efectiva para educar y atraer a tus clientes. Mantenlos actualizados y siempre ten un "llamado a la acción" (algo por hacer) para que ellos interactúen contigo. Si creas confianza al educarlos sobre su problema y sobre la solución que les ofrece, es más probable que te compren. Obtén información sobre la "optimización de motores de búsqueda" y utilice las últimas técnicas para mejorar tu publicidad y clasificación en Google.

 Pregúntate (*Crea* tus canales de marketing):

¿Construiré un sitio web usando herramientas gratuitas o de bajo costo o puedo pagarle a un diseñador web para que lo construya por mí?

_____

_____

¿La persona que está construyendo el sitio sabe cómo mejorar los rankings de Google?

_____

_____

¿Venderé en línea o usaré el sitio web para motivarlos a conectarse conmigo en persona (atraerlos)?

¿Qué información valiosa puedo proporcionar en línea para aumentar mi credibilidad como experto en mi industria?

¿Qué canales de redes sociales usan mis clientes ideales?

¿Cuáles son mis planes para construir una presencia allí?

 Meditada en estas escrituras (*Crea* tus canales de marketing):

Extiende tu red de ancho para una captura más grande. Lucas 5: 4: "Cuando terminó de hablar, dijo a Simón: Boga mar adentro, y echad vuestras redes para pescar. "

Lección 6E: *Ve* a ver a tus clientes ideales en persona

Sigue los consejos de expertos (*Ve* a ver a tus clientes ideales en persona):

No esperes a que tus clientes te encuentren. Al contrario, separa grandes cantidades de tiempo cada semana para ir a ellos en persona. "Visitas presenciales son la manera más personal de generar confianza y llamar la atención de tu cliente sobre la singularidad de tu producto y [para darle] una muestra gratis o demostración de ello" (Lee Murray). Dado que un flujo constante de nuevos clientes es tu mayor necesidad, dedica la mayor parte de tu tiempo y energía creativa a encontrarlos y hacerlos extremadamente felices. El miedo impide que muchos nuevos emprendedores hagan esto. Haz lo difícil y será más fácil con el tiempo. Sé valiente y no permitas que las distracciones y excusas te impidan hacer lo que hará crecer tu negocio. ¿Recuerdas desde el primer módulo la diferencia entre los usos urgentes e importantes del tiempo? ¡Esta es importante y urgente! Necesitas encontrar más clientes nuevos para reemplazar a los que se van por alguna razón. Ten cuidado en depositar toda tu confianza en unos pocos clientes y creer que tus clientes serán leales por siempre.

Pregúntate (*Ve* a ver a tus clientes ideales en persona):

Si mis tres clientes principales se murieran hoy, ¿sobreviviría mi negocio?

_____

_____

¿Tengo todos los clientes que necesito y quiero?

_____

_____

Si no, ¿hay algo que debería ser una prioridad más alta?

_____

_____

¿Cuántas horas por semana puedo bloquear para esto?

_____

_____

¿Qué días de la semana son mejores para mis clientes?

_____

_____

¿Qué miedos y distracciones podrían impedirme seguir este plan?

_____

_____

¿Quién puede hacerme responsable de cumplir con mi plan (a quién le puedo rendir cuenta en cuanto a mi plan)?

_____

_____

Meditada en estas escrituras (*Ve* a ver a tus clientes ideales en persona):

Hacer cosas difíciles requiere coraje y trae crecimiento. Josué 1: 9 : "*Mira que te mando que te esfuerces y seas valiente; no temas ni desmayes, porque Jehová tu Dios estará contigo en dondequiera que vayas.*"

Siempre hay una excusa para tomar la ruta fácil. Eclesiastés 11:4: "*El que al viento observa, no sembrará; y el que mira a las nubes, no segará.*"

Lección 6F: *Explora* varios canales de ventas

 Sigue los consejos de expertos (*Explora* varios canales de ventas):

Las diferentes formas de realizar ventas incluyen: puerta a puerta, teléfono, sitio web, Ebay, Etsy, Amazon, aplicaciones, tienda minorista, mercado al aire libre y quioscos (consulte los diferentes tipos de ventas de Co.Starters). Naturalmente, vas a estar atraído a un canal de venta en particular, pero al menos considera si hay una gran oportunidad en tener un segundo o tercer tipo de canal de ventas. Para algunas empresas, la entrega es independiente de las ventas. Las diferentes formas de hacer llegar tu producto a los clientes incluyen: kiosco, tienda minorista, entrega personal, compañía de envío y descarga en línea. Sería genial si fuera más de uno, los clientes aman las opciones.

Pregúntate (*Explora* varios canales de venta):

¿Dónde quiere comprar mi cliente ideal y dónde quiere recibir mi producto?

_____

_____

¿Cuál de diferentes canales de venta y de entrega, discutidos anteriormente, debo tener en cuenta?

_____

_____

¿Quién me puede ayudar a entender los canales de ventas en los que no estoy muy familiarizado?

_____

_____

¿Cuáles de los métodos de entrega son los menos costos para mí?

_____

_____

¿Cuáles haré disponibles (a diferentes precios) para mis clientes?

_____

_____

Meditada en estas escrituras (*Explora* varios canales de venta):

Explorar implacablemente dónde vender trae una amplia provisión. 2 Tesalonicenses 3:7-8: "Porque vosotros mismos sabéis de qué manera debéis imitarnos; pues nosotros no anduvimos desordenadamente entre vosotros, ni comimos de balde el pan de nadie, sino que trabajamos con afán y fatiga día y noche, para no ser gravosos a ninguno de vosotros."

Lección 6G: *Haz* crecer tus ventas

Sigue los consejos de expertos (*Haz* crecer tus ventas):

Ve tus costos fijos mensuales (Lección 4F) y el margen de ganancia (Lección 4I) para ver cuántas ventas necesita para cubrir tus gastos. Por ejemplo, si vendes 1,000 productos por $11 cada mes este mes, generarás $ 11,000 en ingresos. Si tus costos fijos y variables suman hasta $10,000 por mes, esos $ 1,000 por encima de tu punto de equilibrio es tu ganancia, lo que le da un margen de ganancia del 9% (1,000 / 11,000 = .09). ¿Es $ 1,000 suficiente para pagar tu salario y alcanzar tu meta de ahorro mensual (Lección 4A)? Si no, ¿cuánto te falta? Si te falta $90, tendrás que vender otros $1,000 (91 productos) el próximo mes para cubrir tus costos, salario y ahorros. En base a la suma de estos tres elementos, establece objetivos de ventas para cada mes e intenta exceder lo que vendiste durante el mismo mes del año anterior. Para aumentar las ventas, necesitarás determinación (Lección 1C), más tiempo con clientes ideales (Lección 6E) y las técnicas de venta que compartiremos más adelante en este módulo.

 Pregúntate (*Haz* crecer tus ventas):

¿Están mis ventas mensuales subiendo o bajando y por qué?

_____

_____

¿Mis ventas actuales está cubriendo todos mis gastos fijos?

_____

_____

¿Están también financiando mis ahorros y metas salariales?

_____

_____

¿Cuál es mi promedio de ingreso mensual en ventas este año?

_____

_____

¿Qué quiero que sea el promedio el año que viene?

_____

¿Cuáles son las acciones que voy a tomar para aumentar las ventas y así poder alcanzar mis metas?

Meditada en estas escrituras (*Haz crecer tus ventas*):

Si no avanzas, retrocedes. Proverbios 18: 9: "*También el que es negligente en su trabajo. Es hermano del hombre disipador.*"

Lección 6H: *Motiva* a tus clientes existentes a que compren más frecuente

Sigue los consejos de expertos (*Motiva* a tus clientes existentes a que compren más frecuente):

Tu mejor fuente de nuevas ventas proviene de personas que ya te han comprado. Aprovecha esta confianza (suponiendo que hayan tenido una buena experiencia la primera vez) y anímalos a que vuelvan a comprarte. Puede tener un programa de recompensa para los clientes frecuentes (múltiples compras), donde el cliente obtiene un producto gratis después de 10 compras. Otra opción es separar un horario para llamar a clientes para recordarles que regresen y lo puedas hacer cada cierto tiempo (por ejemplo, tres semanas para un corte de cabello, tres meses para un cambio de aceite, seis meses para limpiarse los dientes, etc.). Si ofreces un servicio (purificación de agua, rotación de llantas o lavado a presión), infórmeles después de la primera venta que le harás a una inspección gratuita en seis meses. Esto hará que ellos se motiven a recomendarte.

 Pregúntate (Motiva a tus clientes existentes a que compren más frecuente):

¿Cómo voy a recordar a mis clientes actuales que estoy disponible para nuevamente resolverles sus problema?

_____

_____

¿Con qué frecuencia voy a darles seguimiento e invitarlos a que regresen?

_____

_____

 Meditada en estas escrituras (*Motiva* a tus clientes existentes a que compren más frecuente):

Hacer felices a los clientes los traerá de vuelta. Lucas 6:38: "Dad, y se os dará; medida buena, apretada, remecida y rebosando darán en vuestro regazo; porque con la misma medida con que medís, os volverán a medir."

Lección 61: *Invita* a los clientes a comprar más durante cada visita

Sigue los consejos de los expertos (*Invita* a los clientes a comprar más durante cada visita):

Conlleva mucho trabajo conseguir un cliente nuevo, así que no olvides ofrecer más soluciones a los clientes que ya tienes. Ofréceles a tus clientes actuales otros productos que ofreces, para que ellos prueben tus otros productos y/o servicios. Haz esto con cuidado y con estilo. Puedes informarles acerca de tus otros productos de varias maneras: teniendo letreros informativos en tu negocio, ofreciendoles un descuento del 5% al probar otro de tus productos, diciéndoselo personalmente, anunciando tus nuevos productos en tu boletín informativo o en tu página de Facebook.

Pregúntate (*Invita* a los clientes a comprar más durante cada visita):

¿Tengo más de un producto o servicio?

¿Hay un producto que podría añadir que encaja muy bien con mi negocio actual (que utilizaría el mismo lugar, las mismas herramientas y los mismos empleados)?

¿Cómo voy a dejarles saber a mis clientes sobre mis otros productos y servicios?

¿Cómo les pediré de manera cortés y prudente que compren más?

 Meditada en estas escrituras (*Invita* a los clientes a comprar más durante cada visita):

Proporciona la mayor cantidad de valor posible a los clientes mientras estés con ellos. Efesios 5: 15-16: *"Mirad, pues, con diligencia cómo andéis, no como necios sino como sabios, aprovechando bien el tiempo, porque los días son malos."*

Lección 6J: *Ofrece* un servicio al cliente extraordinario

 Sigue los consejos de los expertos (*Ofrece* un servicio al cliente extraordinario):

¡La comunicación antes, durante y después de la venta es tan importante como la venta misma! Las personas son seres relacionales, por lo que necesitan, desean interacciones amistosas y buenas atenciones de tu parte. Están comprando la experiencia tanto como el producto. Solicita y toma acción sobre la retroalimentación de tus clientes para mejorar tus productos.

 Pregúntate (*Ofrece* un servicio al cliente extraordinario):

¿Estoy tratando a los clientes como seres humanos o simplemente como unos compradores?

_____

_____

¿Cuánto disfruto las interacciones con ellos o los veo como distracciones de mi trabajo "real"?

_____

_____

213

¿Cómo puedo sonreír constantemente y decir "gracias"?

_____

_____

¿Le doy seguimiento después la venta para ver cómo estuvo su experiencia?

_____

_____

¿Cómo tomo en consideración su retroalimentación?

_____

_____

 Meditada **en estas escrituras (*Ofrece* un servicio al cliente extraordinario):**

Imita la excelencia de Jesús Marcos 7:37: *"Y en gran manera se maravillaban, diciendo: bien lo ha hecho todo; hace a los sordos oír, y a los mudos hablar."*

214

Lección 6K: *Sé* confiable

Sigue los consejos de los expertos (*Sé* confiable (cumple lo que ofreces)):

Consistentemente dale a tus clientes más de lo que esperan para así ganarte su confianza. Nunca comprometas la calidad de tu producto, entrega a tiempo y hazlo correctamente la primera vez. "Provee la mejor solución cada vez" (Lee Murray). Ellos volverán a comprarte y te traerán a sus amigos. ¿Recuerdas la importante que es tu carácter para que tu negocio sea exitoso?

Pregúntate (*Sé* confiable):

¿Estoy viviendo mi mensaje de marketing o es sólo una promoción vacía o falsa?

_____

_____

¿Me avergonzaría de que mis clientes me vieran o de que me escucharan mientras hago mis productos?

_____

_____

¿Estoy verdaderamente ofreciendo productos de calidad superior?

Meditada en estas escrituras (*Sé* confiable):

Mantener tus promesas construirá una sólida reputación. Proverbios 20: 6-7 : *"Muchos hombres proclaman su propio amor constante, ¿pero un hombre fiel que puede encontrar? Los justos que caminan en integridad, benditos son sus hijos después de él."*

Habla claramente y deja que tus acciones se cumplan. Mateo 5:37: *"Deja que lo que dices sea simplemente 'Sí' o 'No'; algo más que esto proviene del mal."*

Lección 6L: *Corregí* tus errores

Sigue los consejos de los expertos (*Corregí* tus errores):

Cuando un cliente tiene una buena razón para estar insatisfecho, toma las medidas necesarias para corregir tu error. A menudo, estos se convertirán en tus clientes más leales y en tus voceros. En algunos casos, el error será tan grave que será necesario devolverle todo su dinero. Esto es doloroso, pero es lo que tenemos que hacer. El dinero perdido no importará mucho tiempo, pero tu reputación durará toda una vida. "Incluso cuando no pienses que hiciste algo incorrecto, escucha las críticas de los clientes sin ponerte a la defensiva. 'Ve si hay una pizca de verdad' en lo que dicen que puedas usar para hacer un cambio positivo en tu negocio"(Lee Murray).

Pregúntate (*Corregí* tus errores):

¿Estoy tratando de hacer una venta rápida o estoy construyendo relaciones a largo plazo?

_____

_____

¿Qué puedo hacer para evitar repetir los mismos errores en el futuro?

_____

_____

Meditada en estas escrituras (*Corregí* tus errores):

Ir más allá de lo que se espera que haga la restitución puede revertir una mala impresión. Lucas 19:8: *"Entonces Zaqueo, puesto en pie, dijo al Señor: He aquí, Señor, la mitad de mis bienes doy a los pobres; y si en algo he defraudado a alguno, se lo devuelvo cuadruplicado."*

Lección 6M: *Pide* referidos

Sigue los consejos de los expertos (*Pide* referidos):

A los clientes les gusta despotricar en contra o alabar (hablar en favor) sobre sus compras. Ponte en el lado positivo de esta tendencia porque la gente va a confiar mucho más en la experiencia de tus clientes que en tu propio mensaje de marketing! Pídeles a estos clientes felices y satisfechos que difundan la noticia y que te den los contactos de personas quienes ellos conocen que también podrían ser buenos clientes. No te olvides de dar seguimiento a estos clientes potenciales y dar las gracias a los clientes que te dieron el referido. Un pequeño regalo sería apropiado para mostrar tu agradecimiento y para incentivarlos hacerlo de nuevo más tarde. Puesto que ya confían en ti, pídele a tu gente de confianza (amigos, familiares, clientes antiguos) que te conecten con personas que confían en ellos.

Pregúntate (Pide referidos):

¿A quién puedo pedirle referidos esta semana?

_____

¿Cómo puedo incluir esto en mis interacciones regulares con mis clientes satisfecho? ¿Dónde voy a mantener los contactos?

_____

_____

¿Cómo voy a recodarme de contactarlos para ofrecerles mis productos y servicios?

_____

_____

¿Qué regalo barato puede tener disponible para darles las gracias por los referidos?

_____

_____

 ## *Meditada* en estas escrituras (*Pide* referidos):

La gente se motiva por devolver un favor. Génesis 41:9-14: *"Entonces el jefe de los coperos habló a Faraón, diciendo: Me acuerdo hoy de mis faltas. Cuando Faraón se enojó contra sus siervos, nos echó a la prisión de la casa del capitán de la guardia a mí y al jefe de los panaderos. Y él y yo tuvimos un sueño en la misma noche, y cada sueño tenía su propio significado. Estaba allí con nosotros un joven hebreo, siervo del capitán de la guardia; y se lo contamos, y él nos interpretó nuestros sueños, y declaró a cada uno conforme a su sueño. Y*

aconteció que como él nos los interpretó, así fue: yo fui restablecido en mi puesto, y el otro fue colgado. Entonces Faraón envió y llamó a José. Y lo sacaron apresuradamente de la cárcel, y se afeitó, y mudó sus vestidos, y vino a Faraón."

Lección 6N: Pide retroalimentación y evaluación virtual

 Sigue los consejos de los expertos (*Pide* retroalimentación y evaluación virtual):

Pídeles a todos los clientes satisfechos, y recuérdales una vez si es necesario, que escriban una evaluación sobre tu negocio en Google u otro sitio virtual que se use en tu industria. Convierte esta práctica en un hábito. No es ético pagarles para hacer esto o escribir una crítica usted mismo. Si eres consistente a lo largo del tiempo esto te llevará a que estés entre en los mejores rankings de Google y a tener más evaluaciones de 5 cinco estrellas que tus competidores. ¡La gente tendrá más confianza en ti incluso mucho antes de conocerte en persona! Esta podría ser la forma de cómo puedes sacar lo máximo de tus clientes, y de que ellos estén más dispuestos a pagar un precio más alto por tu producto o servicio.

 Pregúntate (*Pide* retroalimentación y evaluación virtual):

¿Cómo puedo construir esta práctica en mi rutina con los clientes?

¿Cuántas evaluaciones de cinco estrellas deseo recibir en este año a partir de hoy?

Meditada en estas escritura (*Pide* retroalimentación y evaluación virtual):

La confianza se fortalece cuando otros verifican tu confiabilidad. Deuteronomio 19:15: *"No se tomará en cuenta a un solo testigo contra ninguno en cualquier delito ni en cualquier pecado, en relación con cualquiera ofensa cometida. Sólo por el testimonio de dos o tres testigos se mantendrá la acusación."*

Observa adolescentes que siguen consejos:

Después de limpiar la cocina, Alejandro y María se sentaron juntos. María no podía esperar más, "Está bien, está bien, dime lo que oíste. ¡Tenemos que solucionar este problema de inmediato!

Alejandro sonrió. "¡Por primera vez, eres la más emocionada! ¡Me encanta! Ok, escuchamos malas noticias, pero creo que podemos resolverlo. La primera es que algunas personas dijeron que estaban cansadas de intentar ordenar sin éxito. Nuestra comida es buena, pero es muy difícil de conseguir. La emoción inicial se fue. Segundo, no hemos cambiado nuestro menú en un mes. Los estudiantes dicen que quieren nuevas opciones. Por último, no proporcionamos servilletas como las demás compañías. Es algo pequeño, pero la gente lo espera. Entonces, hablemos de esto y decidamos cómo podemos resolver estos problemas."

 Evita estos cinco errores principales:

1. Tratar de venderle a todos en vez de identificar y abordar a tu cliente ideal.
2. Escribir mensajes de marketing que sean más sobre ti que a lo que haces por los clientes.
3. No saber dónde buscan tus clientes ideales tu producto o servicio.
4. Dejar que tu miedo o las distracciones te impidan ver con frecuencia a los clientes potenciales.
5. Construir todo tu negocio con sólo algunos clientes (cierto que si pierdes tu cliente más grande sería un gran retroceso).

Desarrolla estos cinco hábitos principales:

1. Verdaderamente escuchar y aplicar la retroalimentación de los clientes.
2. Proveer constantemente una experiencia al cliente mejor de lo que esperaban.
3. Pídele a todos tus clientes satisfechos (contentos) que escriban sus opiniones en línea para tu negocio y que te refieran clientes potenciales.
4. Invita a tus clientes actuales a comprar más a menudo y a comprar tus otros productos.
5. Monitorea e incrementa constantemente tus ventas mensuales.

 Sigue este ejemplo real hondureño:

Belinda González es una mujer amable y alentadora que hace que las personas se sientan muy importantes. Aún con 35 años de experiencia comercial, sigue buscando mentores para así seguir aprendiendo, incluso de personas más jóvenes que ella, lo que requiere de coraje y humildad. Lee lo que le compartió a Odile Pérez sobre su experiencia con los clientes.

223

Belinda con sus Mentores de Creating Jobs Inc, Carol y Larry McGehe

Belinda González: "En Eben-ezer, mi empresa de suministros de construcción, hemos visto a muchos de nuestros clientes ir y venir. De hecho, muchos de los clientes que teníamos al principio ya no están en el negocio. Este cambio constante nos ha enseñado la importancia de atraer continuamente nuevos clientes y servir efectivamente a los actuales.

Identificamos a nuestros clientes ideales como ingenieros, arquitectos y empresas de construcción de tamaño mediano. Una nueva estrategia que estamos utilizando para llegar a nuevos clientes es promovernos en las escuelas de ingeniería y arquitectura con publicidad sobre nuestra compañía. Esto informa a ingenieros y arquitectos a nivel nacional sobre nuestros servicios. También ofrecemos muestras gratuitas a clientes potenciales para que puedan tocar y sentir la calidad de nuestros productos. Esto ha resultado en muchos nuevos contractos.

Hemos creado una base de datos detallada para ayudarnos a darle seguimiento a nuestros clientes potenciales y existentes. Enviamos constantemente correos electrónicos personalizados a nuestros clientes y actualizamos nuestras páginas de redes sociales. ¡También, le enviamos a los clientes tarjetas virtuales en sus cumpleaños, Navidad e incluso en el día de ingeniero y arquitecto! Nos gusta hacer un esfuerzo adicional para estar en contacto con ellos.

A través de los años, hemos actualizado nuestros materiales de marketing, incluyendo nuestros carteles, tarjetas de presentación, volantes y catálogo virtual. En nuestra oficina tenemos un televisor que promueve continuamente nuestros productos. Nuestros canales de comercialización incluyen redes sociales, correos electrónicos personalizados, visitas presenciales, ferias de construcción y la revista de la Cámara de Construcción.

Recientemente, con una recomendación de Creating Jobs Inc, reiniciamos una práctica que fue fundamental para nuestro crecimiento en los primeros años de nuestro negocio: realizar visitas presenciales a clientes potenciales y actuales. Cuando retomamos nuevamente esta practica, nos complació las excelentes ventas que se obtuvieron como resultado de esta activada. Aunque esto requiere mucho tiempo e iniciativa, ha dado nueva vida a nuestra compañía. Lo recomendamos encarecidamente ya que mantendrá frescas las relaciones con sus clientes.

También solicitamos regularmente a nuestros clientes que nos recomienden a otras personas. Ofrecemos descuentos a los clientes que nos dan referidos o promocionan nuestros productos en sus redes sociales.

Nuestras ventas se realizan a través de marketing telefónico, redes sociales, ferias, visitas presenciales, y en nuestra oficina. Los clientes pueden recoger su compra en nuestras instalaciones o podemos entregársela. Nuestro objetivo es hacer que el proceso de recogida o entrega sea lo más conveniente posible para nuestros clientes.

Hemos aprendido que la mejor manera de retener clientes existentes y adquirir nuevos es brindar un excelente servicio. Hacemos esto cumpliendo nuestras promesas, reconociendo nuestros errores y reemplazando los productos dañados sin costo alguno. Visitamos sitios de construcción que utilizan nuestros productos como una forma de dar

225

seguimiento y recomendamos las mejores formas de instalar nuestros productos. No hay nada mejor que un cliente satisfecho, que sigue siendo leal y está dispuesto a recomendarnos en su círculo de influencia. Pero no podemos esperar que hagan todo el trabajo; debemos seguir buscando nuevos clientes mientras mantenemos contentos a nuestros clientes actuales. Nunca aflojes ya que siempre hay una nueva forma de llegar a nuevos clientes. Por lo tanto, siempre sigue moviéndote, avanzando e innovando."

Es fácil sentirse satisfecho y ser complaciente después de atraer a una buena cantidad de clientes. Como puedes ver con Belinda, la clave es mantener o recuperar esa sensación de urgencia de obtener clientes con la que empiezas o empezaste el negocio. Observa su lema de tener una iniciativa persistente en todos sus esfuerzos por atraer y complacer a sus clientes. Ella es un gran ejemplo de probar muchos enfoques diferentes y hacer consistentemente que las cosas funcionen.

 Hazlo con tu grupo:

Carlos está comenzando un negocio para hacer carteles y pancartas para pequeñas empresas en una ciudad grande. ¿En qué lugares buscarán sus servicios sus clientes ideales? ¿Qué materiales de marketing y canales de comercialización debería crear para llegar a ellos? Vuelve a leer estas secciones de los consejos de los expertos: "Imprime tus materiales de marketing" y "Crea tus canales de marketing". Haz grupos de 3-4 personas para discutir estas preguntas y luego invita a algunas personas a compartir sus ideas con toda la clase.

Guía para el/la maestro/a: Léeles las preguntas primero para cuando escuchen los consejos de los expertos tengan en mente la situación de Carlos.

 Aplica este módulo con:

ORACIÓN - Pedir a Dios que me dé el valor de ir a visitar a mis potenciales clientes y pedirles que me compren. Orar por mi creatividad mientras escribo mi mensaje de marketing.

INVESTIGACIÓN - Averiguar quien es más probable que compre mi producto y dónde lo buscarían.

CREATIVIDAD - Escribir cinco "titulares" y obtener retroalimentación. Escribir el "cuerpo" (el contenido) de mi mensaje de marketing.

ACCIÓN - Ir a visitar a mis clientes ideales para establecer relaciones con ellos. Decidir qué tipos de materiales de marketing necesito y trabajar con una impresora para producirlos. Decidir qué herramientas en línea (virtual) necesito y trabajar con los proveedores para producirlas.

CLIENTES – Escribir una descripción de mis clientes ideales. Hacer una lista de 100 clientes ideales. Pedirles a mis clientes anteriores que vuelvan a comprar y que compren otros productos que ofrezco. Preguntarle a cada cliente en las próximas cuatro semanas cómo ha sido su experiencia conmigo y que me de su retroalimentación de cómo podría mejorar, luego realizar los cambios necesarios. Pedirles a los clientes felices referencias y revisiones en línea.

MENTORES - Preguntar acerca de su experiencia en ventas y atención al cliente, especialmente cómo manejar la situación cuando le fallo a un cliente.

DINERO – Monitorear mis totales de ventas mensuales y con el objetivo de aumentar las ventas. Considerar si estoy dispuesto a perder dinero para cuidar una relación con un cliente cuando necesito solucionar un problema con él o ella.

TIEMPO - Separar tiempo para escribir mi mensaje de marketing. Separar tiempo para visitar clientes potenciales varias veces a la semana. Incluso después de hacer la venta, dedicar tiempo extra (adicional) a mis clientes para demostrar que me preocupo por ellos.

 Practica estos valores:

Integridad - Ser confiable para tus clientes exhibe un carácter de Cristo. Al proporcionar constantemente la mejor solución agrada a los clientes y te convierte en una persona más fiable.

Excelencia- Cuando haces tu mejor esfuerzo para servir a tus clientes, encontrarás gozo al tener un leve reflejo de la perfección de Dios.

Mayordomía- Es de sabio, saber quién es que más necesita tus productos o servicios. Al conectar tu negocio con aquellos que más le puede beneficiar y servir, cumple el propósito de Dios para tu negocio.

Dignidad- Como Dios es relacional, también lo es el mundo que Él creó. Por ésta razón, mientras más personales sean sus interacciones comerciales, más satisfactorias serán. Entonces, hacer visitas presenciales a tus clientes ideales rinde homenaje a su valor como personas.

 Evalúa el negocio de los adolescentes:

Imagina que eres Mario, sentado en la cocina cuando Alejandro y María te piden que vengas a ayudar a resolver estos problemas. ¿Cuáles serían tus sugerencias? Para cada solución, explica:

1. ¿Cómo sería tu solución?
2. ¿Cuánto costaría implementar tu solución?
3. ¿Cómo tu solución sería rentable para el negocio?

Luego, pídele a un amigo que evalúe tus soluciones como si fuera Alejandro o María. Desde la perspectiva del propietario de una empresa, ¿cuáles son los otros factores que deben tenerse en cuenta al resolver estos problemas? ¡Asegúrate de revisar el módulo para que no se te escape nada!

En Resumen:

Si no eres consiste en hacer felices a suficientes clientes, tu negocio puede quebrar. "Si tu negocio fuera un sistema solar, tus clientes serían tu sol, asegúrate de que todo gira en torno a ellos" (Lee Murray). Por lo tanto, haz todo lo posible para encontrar a tus clientes ideales y brindarle una solución increíble. Si amas a tus vecino, ¡te amarán de vuelta! Tus clientes hablan, y una buena reputación será tu mayor activo.

Usa tu Plan de *Start*Book:

Ahora que has completado este módulo, completa tu Plan de *Start*Book en la siguiente página. Piensa en lo que has aprendido y elige la meta más importante de este módulo para aplicar a tu negocio durante los próximos 12 meses. Escribe tu objetivo, tres acciones para lograr y las fechas para completar cada acción. Consulta tu Plan de *Start*Book a menudo como una herramienta para hacer crecer tu negocio.

Plan de *Start*Book

6. Clientes

Síntesis del módulo: Identifica tus clientes ideales, encuentra tu mensaje para ellos, y busca los medios adecuados para llegar a ellos . Házlos tan felices que ellos te traigan a tus amigos.

Mi meta # 1 de "Clientes" en los próximos 12 meses:

Mis 3 pasos a seguir para cumplir ésta meta:

1.

La fecha de hoy:_____. Fecha ideal para cumplir la meta:_____. Fecha de cuando se cumplió la meta:_____.

2.

La fecha de hoy:_____. Fecha ideal para cumplir la meta:_____. Fecha de cuando se cumplió la meta:_____.

3.

La fecha de hoy:_____. Fecha ideal para cumplir la meta:_____. Fecha de cuando se cumplió la meta:_____.

7. Crecimiento

Síntesis del módulo: Planifica tus próximos pasos para poner en práctica lo ha aprendido en StartBook. Decide si deseas crecer de un propietario solitario a un Presidente Ejecutivo de una empresa sólida.

Módulo 7: CRECIMIENTO

 Lee la sinopsis del módulo: Planifica tus próximos pasos para poner en práctica lo ha aprendido en *Start*Book. Decide si deseas crecer de un propietario solitario a un Presidente Ejecutivo de una empresa sólida.

 Observa adolescentes que necesitan consejos:

"Alejandro, estoy tan cansada. Quiero irme a dormir, dormirme por una semana entera," gimió María. "Estamos haciendo cuatrocientas tortillas por día. ¡La limpieza toma horas! ¡Y todavía tengo que crear un nuevo menú para la próxima semana! Además, nuestro proveedor de tomates ha estado retrasado tres días seguidos. ¡Me pregunto si abrir la Tortillería Soñada se está convirtiendo en una pesadilla! "

Alejandro también se sentía agotado. Tuvo que despedir a un repartidor la semana pasada por robar dinero. Hacer las entregas extras había sido un buen ejercicio, pero se estaba cansando. ¿Cuándo iba a encontrar un reemplazo? Además, ahora que estaban usando tanto la cocina, ¡su tía les había pedido que contribuyeran con el costo de un nuevo conjunto de ollas y sartenes! "María, tienes razón. ¡Apenas tengo la energía para sonreír! ¡Necesitamos hacer algunos cambios o vamos a colapsar!"

Lección 7A: *Revisa* y aplica *Start*Book

 Sigue los consejos de los expertos (*Revisa* y aplica *Start*Book):

Llena tu Mapa Completo de *Start*Book (se encuentra al final de este módulo) con una oración que explique tus siguientes pasos por hacer para cada uno de los 6 puntos: TU, SOLUCIÓN, PERSONAS, DINERO, LANZAMIENTO Y CLIENTES.

El Mapa Completo de *Start*Book es como bucear en Roatán. Es una forma rápida de navegar la superficie. Pero para poder explorar el arrecife de coral, debes bucear y esto requiere de más tiempo y esfuerzo. Así que por favor aparta *medio día* para hacer planes detallados para cada uno de los seis pasos usando el Plan de *Start*Book (se encuentra al final de este módulo). Esto te dará una visión completa de adonde quieres llevar tu negocio.

Para hacerlo, repasa las notas que hiciste a lo largo del *Start*Book, especialmente las notas que escribiste en las secciones "Pregúntate." Decide cuál de estas acciones te gustaría completar en los próximos 12 meses. En un nuevo documento de computadora o en un cuaderno, escribe diez o más acciones para cada uno de los primeros seis módulos. Cuando termines, revisa y selecciona las tres más importantes de cada módulo. Escríbelas en tu Plan de *Start*Book, luego pon las fechas para cuándo planeas completar cada acción. Coloca tus plan de *Start*Book finalizado en un lugar donde los puedas ver todos los días y semanalmente revisa tu progreso mientras planificas la siguiente semana para que así puedas programar tus prioridades (Lección 1G). Repite este proceso una

236

vez al año para actualizar tus planes. Esta cantidad de esfuerzo obviamente requiere un fuerte compromiso. Para motivarte a hacerlo, considera el hecho de que poner tu plan de negocios por escrito hace que tu negocio tenga el doble de posibilidades de que sea un éxito (Small Biz Trends article: "A Business Plan Doubles Your Chances for Success", Jan 20, 2016 by Rieva Lesonsky https://smallbiztrends.com/2010/06/business-plan-success-twice-as-likely.html).

Comparte tu Mapa Completo y Plan de *Start*Book con tus mentores y padres, para obtener sus consejos, para que te ayuden a cumplir tus metas (ya que tengas rendirles cuentas sobre tu progreso) y puedan orar por tu nuevo negocio.

 ### *Pregúntate* (*Revisa* y aplica *Start*Book):

Al ver el Mapa Completo de *Start*Book *ya finalizado*, ¿cuáles de los seis pasos son mis fortalezas y cuáles son mis debilidades?

_____

_____

¿En qué paso me enfocaré los próximos tres meses?

_____

_____

¿Qué es lo más importante que aprendí de *Start*Book?

¿Cuándo tomaré medio día para establecer mis metas para los próximos 12 meses usando los planes de *Start*Book?

¿Al hacer estas actividades de *StartBook* qué he aprendido del proceso?

¿De quién buscaré retroalimentación y a quién le rendiré cuentas?

¿Adónde pondré mi plan de *Start*Book para poder verlos todos los días?

¿Qué haré para recordarme de revisarlo una vez a la semana y repetir el proceso de planificación una vez al año?

Meditada en estas escrituras (*Revisa* y Aplica *Start*book):

Tu responsabilidad comienza con tu acceso a los consejos de expertos para comenzar un negocio. Lucas 12:48: *"Mas el que sin conocerla hizo cosas dignas de azotes, será azotado poco; porque a todo aquel a quien se haya dado mucho, mucho se le demandará; y al que mucho se le haya confiado, más se le pedirá."*

Dios permite que las personas débiles hagan cosas grandes. Hebreos 11:32-34 : *"¿Y qué más digo? Porque el tiempo me faltaría contando de Gedeón, de Barac, de Sansón, de Jefté, de David, así como de Samuel y de los profetas; que por fe conquistaron reinos, hicieron justicia, alcanzaron promesas, taparon bocas de leones, apagaron fuegos impetuosos, evitaron filo de espada, sacaron fuerzas de debilidad, se hicieron fuertes en batallas, pusieron en fuga ejércitos extranjeros."*

Dios empodera tus acciones llenas de fe. 2 Tesalonicenses 1:11: *"Por lo cual asimismo oramos siempre por vosotros, para que nuestro Dios os tenga por dignos de su llamamiento, y cumpla todo propósito de bondad y toda obra de fe con su poder."*

Una buena planificación y el trabajo duro (disciplinado) lleva a la prosperidad, pero los atajos apresurados conducen a la pobreza. Proverbios 21:5 : *"Los pensamientos del diligente ciertamente tienden a la abundancia; Mas todo el que se apresura alocadamente, de cierto va a la pobreza."*

La presentación de sus planes a Dios en la oración es prudente (y sabio). Santiago 4: 13-15 : *"¡Vamos ahora! los que decís: Hoy y mañana iremos a tal ciudad, y estaremos allá un año, y traficaremos, y ganaremos; cuando no sabéis lo que será mañana. Porque ¿qué es vuestra vida? Ciertamente es neblina que se aparece por un poco de tiempo, y luego se desvanece. En lugar de lo cual deberíais decir: Si el Señor quiere, viviremos y haremos esto o aquello."*

Lo que cuenta es cumplir con tus planes. Proverbios 14:23: *"En toda labor hay fruto; Mas las vanas palabras de los labios empobrecen."*

Lección 7B: *Comprométete* a crecer

 Sigue los consejos de los expertos (*Comprométete* a crecer):

Las cosas saludables crecen, por lo que tu negocio también debe crecer constantemente. Si no avanzas, tus competidores encontrarán maneras de ganarse a tus clientes. El crecimiento saludable puede ser rápido o lento, puede ser en tamaño o en excelencia.

Determina cuáles de las siguientes formas son las mejores para aumentar el *tamaño* de tu empresa: amplía el alcance geográfico de tu negocio, véndele a más clientes dentro de tu territorio actual vende o ofrece más tipos de productos y servicios a sus clientes.

Determina cuáles de estas son las mejores maneras de hacer crecer la *excelencia* de tu negocio: tu propio crecimiento en carácter, mejorar constantemente tus productos, mejores relaciones con tus empleados y proveedores, nuevos y mejores sistemas, mejores mensajes y materiales de marketing, empleados que mejoran en habilidades, liderazgo y en trabajo en equipo, menos deudas, más ahorros, mejores equipos, menos desperdicios y mayor satisfacción de los clientes.

Pregúntate (*Comprométete* a crecer):

¿Estoy comprometido a crecer o soy complaciente?

_____

_____

¿Cómo voy a hacer crecer el *tamaño* de mi negocio?

_____

_____

¿Cómo voy a cultivar la *excelencia* en mi negocio?

_____

_____

Meditada en estas escrituras (*Comprométete* a Crecer):

Siempre sigue adelante (persevera). *Filipenses 3:13-14: "Hermanos, yo mismo no pretendo haberlo ya alcanzado; pero una cosa hago: olvidando ciertamente lo que queda atrás, y extendiéndome a lo* *que está delante, prosigo a la meta, al premio del supremo llamamiento de Dios en Cristo Jesús."*

Crecer con excelencia agrada a Dios. Colosenses 3:23: *"Y todo lo que hagáis, hacedlo de corazón, como para el Señor y no para los hombres."*

Multiplicar lo que Dios te ha confiado trae alegría y recompensa. Mateo 25:20-21: *"Y llegando el que había recibido cinco talentos, trajo otros cinco talentos, diciendo: Señor, cinco talentos me entregaste; aquí tienes, he ganado otros cinco talentos sobre ellos. Y su señor le dijo: Bien, buen siervo y fiel; sobre poco has sido fiel, sobre mucho te pondré; entra en el gozo de tu señor."*

Lección 7C: *Continua* aprendiendo con *Grow*Book

*Sigue l*os consejos de los expertos (*Continua* aprendiendo con *Grow*Book):

Después de lanzar tu negocio y comienza a aplicar gran parte de este libro, comienza a leer *Grow*Book, el cual escribimos para ayudarte a hacer crecer tu negocio inicial y pequeño y ayudarlo a convertirse en negocio maduro. Creating Jobs Inc diseñó *Grow*Book para ser utilizado después de *Start*Book. Te ayudará a hacer la transición de ser un técnico que puede crear un producto a convertirte en CEO que ayuda a sus empleados a convertirse en líderes fuertes y a quien les encomiendas la ejecución de gran parte de las operaciones, lo que te permitirá concentrarte en la innovación y la estrategia. Es la diferencia entre trabajar "en" tu negocio y trabajar "para" tu negocio.

Ahora que has establecido un negocio funcional, *Grow*Book te ayudará a reflexionar sobre cuál es tu verdadera visión, misión y valores de tu empresa. Este ejercicio puede ser un desperdicio de tiempo si realmente no lo usas. Pero recuerda, ¡que estás co-creando el futuro! Estos documentos fundacionales pueden ayudarte a que tú y tus empleados trabajen en sintonía para crear algo sorprendente. La visión, la misión y los valores se deben utilizar para determinar los objetivos a largo plazo, los objetivos a corto plazo, determinar a quién vas a contratar y la forma como trabajas todos los días.

*Grow*Book también da más detalles sobre cómo desarrollar sistemas, impulsar la innovación, fabricar sus productos, refinar su marca y aumentar sus ventas. *Grow*Book te ayudará con tus empleados y a desarrollar: líderes, fomentar el trabajo en equipo y crear compañeros de equipo que se preocupan por tu empresa. Con respecto al dinero, *Grow*Book profundiza en el flujo de efectivo, estrategias de ahorro, como negociar buenas ofertas, el uso de estados financieros y como resistir a la corrupción. Además tiene un módulo completo sobre la retribución, explora como mentorear y servir a otros empresarios con tu tiempo, talento y tesoro. Puedes usar *Grow*Book por tu cuenta con un grupo de empresarios. Lee muchos libros y artículos sobre negocios y aplica lo que aprendes en ello. Como discutimos en la Lección 1C, estos ingredientes te llevarán a crear nuevas recetas ingeniosas que aún no has creado.

 Pregúntate (*Continua* aprendiendo con *Grow*Book):

¿Quiero crear sólo un trabajo para mí o una empresa donde muchos puedan prosperar?

_____

_____

¿Estoy dispuesto a capacitar y a confiar en mis empleados para que produzcan mi producto para así poder enfocarme en la construcción de mi negocio?

_____

_____

¿Estoy listo para desarrollar documentos fundacionales, aprender a usar estados financieros, desarrollar sistemas más fuertes y utilizar mi negocio para servir a mi comunidad?

_____

_____

Si mi respuesta es "sí", ¿cuándo comenzaré a leer *Grow*Book?

_____

_____

¿Trabajaré con otros emprendedores?

_____

_____

 Meditada en estas escrituras (*Sigue* aprendiendo usando *Grow*Book):

Los líderes sabios siempre buscan de otros para aprender. Proverbios 24:5-6: *"El hombre sabio es fuerte, Y de pujante vigor el hombre docto. Porque con ingenio harás la guerra, Y en la multitud de consejeros está la victoria."*

Jesús es el ejemplo de aprendizaje continuo. Lucas 2:52: *"Y Jesús crecía en sabiduría, en estatura y en gracia para con Dios y el hombre."*

 Observa adolescentes que siguen consejos:

A la mañana siguiente, cuando entraron en la cocina, María estaba radiante. "Ok Alejandro, tengo algunas ideas. Anoche estuve despierta orando, leyendo mi Biblia y revisando nuestros libros de negocios. Tengo nueva energía, pero tenemos que hacer algunos cambios importantes."

Alejandro no podría estar más de acuerdo. "María, tienes razón. También he estado orando, pidiéndole a Dios que nos muestre qué hacer. Todavía estoy cansado, pero tu sonrisa es suficiente. Vamos a resolverlo."

María se rió. "Oye, podemos hacerlo, ¡Pero hay mucho que hacer! Primero, tenemos que subir nuestros precios nuevamente. De esa forma, podemos contratar un asistente de cocinero y mejores repartidores. Nos costó mucho dinero que el muchacho nos robara ese tipo. Y necesito ayuda en la cocina antes de que colapse. Además, tenemos que ahorrar más, para que un día, podemos abrir una tienda justo al lado de la universidad. Entonces no tendremos estos largos tiempos de entrega. ¡Nuestra comida estará más fresca, más caliente, mejor! En tercer lugar, tenemos que establecer algunos objetivos. Si seguimos creciendo sin un plan, siempre vamos a estar agotados."

Emocionado, Alejandro exclamó: "¡Esas ideas son geniales! Mira, si puedo contratar a alguien para hacer mis entregas, puedo comenzar a negociar mejores ofertas para nosotros. Si conseguimos a la persona adecuada para el trabajo, sé que incluso nos ayudarán a vender más tortillas. Y creo que conozco a una gran persona para ayudarte a cocinar: ¡ y también tiene muchas ideas creativas! Definitivamente necesitamos un nuevo proveedor de tomate. Además, necesito encontrar algunas ollas y sartenes nuevos para mi tía, y una mejor oferta para nuestros carteles. Y nuestra necesidad más grande: ¡una buena tienda a un precio excelente en el lugar correcto! ¡Oremos juntos, y luego comencemos a escribir esto!"

 Evita estos cinco errores principales:

1. Dejar que las cosas urgentes desplacen la disciplina importante de establecer objetivos.
2. No darle prioridad a tus objetivos.
3. No dividir tus grandes objetivos en pequeños pasos con fechas definidas para cumplir el objetivo
4. Olvidar implementar tus metas.
5. Aburrirte después de que tu negocio esté establecido en vez de encontrar alegría y gozo en hacerlo mejor todos los días.

Desarrolla estos cinco hábitos principales:

1. Tómate medio día para actualizar tu Plan de *Start*book una vez al año.
2. Publica tu Plan de *Start*Book donde lo puedas ver todos los días.
3. Revisa tu progreso una vez a la semana y programa los pasos a seguir en la semana entrante.
4. Siempre ten en cuenta como hacer crecer tu negocio en tamaño y excelencia.
5. Lee y aplica un capítulo de *Grow*Book todos los meses.

 Sigue este ejemplo real hondureño:

A la edad de tres años, una pequeña niña que vivía en un vecindario peligroso fue patrocinada a través de ,. Su nombre es Joyce. Cuando tenía 12 años, comenzó a aprender a cortar cabello y hacer uñas en el programa de Compasión de su iglesia. Ese es exactamente el tipo de oportunidad que ella necesitaba. ¿Adivina qué hizo ella después? Dado que los trabajos son escasos en su barrio, Joyce abrió su propio salón de belleza. Se comprometió a aprender la difícil tarea de manejar un negocio de manera efectiva. A pesar de ser una joven adolescente, trabajó diligentemente haciendo su negocio mejor y más grande durante un período de cinco años. ¡El resultado es que ahora tiene 3 empleados, atiende a 80 clientes por semana y continúa creciendo su negocio!

Joyce con su mentora

Los clientes de Joyce vienen de cerca y de lejos debido a su excelente trabajo y al ambiente agradable que ha creado (que incluye darle ánimo a sus clientes y brindarles una bebida y una merienda de cortesía). Los clientes comparten sus problemas con ella e incluso las mujeres mayores le piden su consejo. Ella está viviendo en fe, proporcionando un excelente servicio con tierna compasión. Le tomó años de hacer objetivos y seguirlos mientras confiaba en Dios para que dieran resultados.

Su corazón para servir incluso se extiende más allá de su negocio. ¿Cómo encuentra tiempo para enseñarle a la juventud en su comunidad a cortar cabello mientras es la guardián principal de sus tres hermanos menores? Ya que su madre está fuera del país, Joyce es como una madre para ellos e incluso les lee la biblia por las noches. Aunque sólo tiene 17 años, ¿adivina a cuántas personas tiene que sostener en su hogar? ¡A ocho! ¡Y hasta paga el alquiler, guau!

Joyce podría mantener todas las ganancias de su negocio para sus propios deseos, pero su deseo es glorificar al Señor por lo cual fielmente da el 10% para apoyar el ministerio de la iglesia, que para ella también es su familia. Todas estas buenas decisiones han hecho

248

que Joyce madure más allá de sus años. A pesar de todo lo que ha logrado, Joyce sabe que su duro trabajo fue empoderado por la gracia de Dios y apoyado por los mentores de su iglesia. Sus grandes ojos marrones todavía brillan con la alegría de la juventud, pero también con la confianza y madurez que está siendo poderosamente usada por Dios en su familia, iglesia y comunidad.

Como aconseja este módulo, Joyce establece objetivos y trabaja para lograrlos. Actualmente, está trabajando con sus mentores en un plan para atraer suficientes nuevos clientes para pagar para un edificio más grande para su salón. Ella está comprometida a hacer crecer su negocio y crecer como líder. Una de las formas en que ella sigue invirtiendo en si misma es tomando clases universitarias por las tardes. Joyce sabe que es importante seguir aprendiendo. Joyce está leyendo *Grow*Book con entusiasmo y aplicando lo que aprende en su negocio. Ella se parece mucho al sirviente de la parábola de Jesús, quien recibió talentos de Dios y sabiamente los multiplicó por diez. Oramos para que sigas su gran ejemplo.

 Hazlo con tu grupo:

Jessica está ocupada cortando y peinando el cabello de sus clientes, estudia en la universidad por la noche y ayudando a su madre a cuidar a sus hermanos pequeños. ¿Cómo encontrará tiempo para pensar en la dirección de su negocio y establecer metas para el año? Divide el grupo en parejas para que ellos intercambien ideas de posible soluciones para Jessica y luego compártelas con toda la clase.

Guía para el/la maestro/a: Puedes referirte a la sección de consejos de expertos en el módulo uno titulado: "Haz que el tiempo trabaje para usted.

 Aplica este módulo con:

ORACIÓN- Buscar la sabiduría y la dirección de Dios al momento de hacer planes para el crecimiento. Si bien puede ser difícil de imaginar más allá del próximo mes, tengo que pedirle a Dios que me ayude a visualizar mi negocio en tres años.

INVESTIGACIÓN- Reunir hechos para ayudar a decidir cuál de estas tres estrategias es mi mejor oportunidad de crecimiento: la venta de nuevos productos a mis clientes existentes, la búsqueda de más clientes en mi territorio existente o ampliar mi territorio.

CREATIVIDAD - Llenar mi árbol *Start*Book. Llenar mis planes en *Plan de Start*Book. Decidir cómo hacer crecer el tamaño y la excelencia de mi negocio.

ACCIÓN- Obtener una copia de *Grow*Book y leerlo.

CLIENTES- Preguntarles qué nueva soluciones les gustaría recibir de mi negocio.

MENTORES- Pedir a mis mentores que me ayuden a ser responsable, y que me orienten a desarrollar hábitos que me permitan a actuar según mis planes. Pedirle a un mentor que me ayude a aplicar un capítulo de *Grow*Book por mes.

DINERO - Establecer metas de ahorro para el equipo (herramientas) y para emergencias.

TIEMPO - Bloquear un día y medio para llenar mi Plan de *Start*Book.

 Practica estos valores:

Integridad- El cumplir con los objetivos que has establecido le demuestra integridad a tus empleados. Ellos confiarán más en tu liderazgo y se mantendrán contigo, especialmente si has establecido metas que los beneficien.

Excelencia- Al nunca volverte complaciente con el éxito de tu negocio revela una búsqueda de grandeza lo que refleja a nuestro gran Dios. Aprender y mejorar constantemente tu negocio es la mejor manera de mantenerte concentrado.

Mayordomía- Revisar y aplicar lo que has aprendido a través de *Start*Book es una forma importante de administrar lo que Dios ha invertido en ti. Como dice la Biblia, "Mas el que sin conocerla hizo cosas dignas de azotes, será azotado poco; porque a todo aquel a quien se haya dado mucho, mucho se le demandará; y al que mucho se le haya confiado, más se le pedirá." (Lucas 12:48). No poner en practica lo que has aprendido sería un desperdicio colosal de lo que se te ha confiado.

Dignidad- ¡Planificar es una manera increíble de crear el futuro junto a Dios! "Muchos pensamientos hay en el corazón del hombre; Mas el consejo de Jehová permanecerá" (Proverbios 19:21). Si bien no sabes que planes tiene Dios para el futuro, Él te permite moldearlo (el futuro) a través de tus decisiones y acciones. ¿Qué tan sorprendente es eso? Por lo tanto, así que asume la tarea de establecer metas como un privilegio, una

251

asociación misteriosa con el Todopoderoso lo que revela que eres hijo o hija de un Rey.

 ## *Evalúa* el negocio de los adolescentes:

Imagina que eres un líder de negocios local en la iglesia de Alejandro y María. Al notar lo cansados que se ven un domingo, los invitas a tu casa a comer. A medida que comparten los problemas de su negocio en crecimiento contigo, ¿cómo responderías?

- ¿Cómo alentarías sus corazones?
- ¿Qué preguntas les harías?
- ¿Qué recursos podrías compartir?
- ¿Qué consejo darías de una manera edificante?
- ¿A quién podrías presentarles para obtener consejos o ayuda adicional?
- ¿Cómo orarías por ellos?

En Resumen:

La planificación nunca es urgente, pero siempre es importante. Si bien es difícil encontrar tiempo para establecer objetivos, es estimulante mirar hacia el futuro y darle forma con la ayuda de Dios. Por lo tanto, invierte el tiempo necesario en la planificación y sigue tus objetivos. Los resultados te sorprenderán. Usa *Grow*Book para hacer crecer tu negocio en tamaño y en excelencia. ¡Sé fuerte y valiente con la gracia del Señor!

Usa tu Plan de *Start*Book:

Ahora que has completado este módulo, completa tu Plan de *Start*Book en la siguiente página. Piensa en lo que has aprendido y elige la meta más importante de este módulo para aplicar a tu negocio durante los próximos 12 meses. Escribe tu objetivo, tres acciones para lograr y las fechas para completar cada acción. Consulta tu Plan de *Start*Book a menudo como una herramienta para hacer crecer tu negocio.

*Gracias por leer y aplicar Start*Book*. ¡Estaremos orando para que tu negocio te traiga mucho gozo y alegría a medidas que vayas co-creando con el Todopoderoso! ¡No te canses de seguir mejorando todos los días o de seguir buscando maneras de usar tus productos, servicios, tiempo, dinero, tus puestos de trabajo e influencia para bendecir a tu comunidad y al mundo!*

Plan de *Start*Book

7. Crecimiento

Síntesis del módulo: Planifica tus próximos pasos para poner en práctica lo ha aprendido en StartBook. Decide si deseas crecer de un propietario solitario a un Presidente Ejecutivo de una empresa sólida.

Mi meta # 1 de "Crecimiento" en los próximos 12 meses:

Mis 3 pasos a seguir para cumplir ésta meta:

1.

La fecha de hoy:_____. Fecha ideal para cumplir la meta:_____. Fecha de cuando se cumplió la meta:_____.

2.

La fecha de hoy:_____. Fecha ideal para cumplir la meta:_____. Fecha de cuando se cumplió la meta:_____.

3.

La fecha de hoy:_____. Fecha ideal para cumplir la meta:_____. Fecha de cuando se cumplió la meta:_____.

*Start*Book

Sinopsis:

Moviliza tus fortalezas, recursos y compañeros de equipo para traer una solución innovadora a los clientes que lo desean.

StartBook
Un Vistazo

Utiliza tus fortalezas y recursos y moviliza tus compañeros de equipo para brindarle a tus clientes la solución que desean.

1. Tú

Aprende que es lo que hace un empresario maduro. Evalúate y planéate para crecer.

2. Solución

Crea una solución única a un problema, permitiendo que la retroalimentación de tus clientes forme tu producto ó servicio. Construye tu identidad empresarial alrededor de esa solución y diseña sistemas que produzcan tu producto de manera segura y eficiente.

3. Gente

Aprecia y aprende de éstos grupos de personas que son vitales para tu éxito. Desarrolla relaciones de confianza con ellos y donde todos puedan ganar-ganar.

4. Dinero

Nunca hay suficiente dinero para todo, así que debes utilizarlo para tus prioridades. Sigue diligentemente éstas mejores prácticas para administrar tu dinero y paulatinamente y pacientemente construir riqueza.

5. Lanzamiento

Presta atención a éstos detalles importantes para planificar un lanzamiento exitoso.

6. Clientes

Identifica tus clientes ideales y encuentra tu mensaje para ellos, y encuentra los medios adecuados para llegar a ellos y hacerlos tan felices que ellos te traigan a tus amigos.

7. Crecimiento

Planifica tus próximos pasos para poner en práctica lo aprendido en StartBook. Decide si deseas tomar el curso avanzado de GrowBook para crecer de un propietario solitario a un CEO (Presidente Ejecutivo) de una empresa sólida.

257

¿Qué necesidad tiene cada aspecto de tu negocio?
Escriba "mantener", "afinar" o "reconstruir" debajo de cada icono.

Mi Gran Enfoque:

Plan de *Start*Book

1. Tú

Síntesis del módulo: Aprende que es lo que hace a un emprendedor maduro. Evalúate y planifícate para crecer.

Mi meta # 1 de "Tú" en los próximos 12 meses:

Mis 3 pasos a seguir para cumplir ésta meta:

1.

Today's date: _____ Target completion date: _____ Actual completion date: _____

2.

Today's date: _____ Target completion date: _____ Actual completion date: _____

3.

Today's date: _____ Target completion date: _____ Actual completion date: _____

Plan de *Start*Book

2. Solución

Síntesis del módulo: Crea una solución única para un problema real. Crea tu producto ó servicio con la retroalimentación de tus clientes. Crea sistemas para producir tu producto de manera eficiente y segura. Construye tu identidad comercial alrededor de esa solución.

Mi meta # 1 de "Solución" en los próximos 12 meses:

Mis 3 pasos a seguir para cumplir ésta meta:

1.

La fecha de hoy:_____. Fecha ideal para cumplir la meta:_____. Fecha de cuando se cumplió la meta:_____.

2.

La fecha de hoy:_____. Fecha ideal para cumplir la meta:_____. Fecha de cuando se cumplió la meta:_____.

3.

La fecha de hoy:_____. Fecha ideal para cumplir la meta:_____. Fecha de cuando se cumplió la meta:_____.

Plan de *Start*Book

3. Gente

Síntesis del módulo: Aprecia y aprende de éstos grupos de personas que son vitales para tu éxito. Construye relaciones de confianza y de beneficio mutuo (ganar-ganar).

Mi meta # 1 de "Gente" en los próximos 12 meses:

Mis 3 pasos a seguir para cumplir ésta meta:

1.

La fecha de hoy:_____. Fecha ideal para cumplir la meta:_____. Fecha de cuando se cumplió la meta:_____.

2.

La fecha de hoy:_____. Fecha ideal para cumplir la meta:_____. Fecha de cuando se cumplió la meta:_____.

3.

La fecha de hoy:_____. Fecha ideal para cumplir la meta:_____. Fecha de cuando se cumplió la meta:_____.

Plan de *StartBook*

4. Dinero

Síntesis del módulo: Nunca hay suficiente dinero para todo, por lo que debes orientarlo hacia tus prioridades. Sigue cuidadosamente estas mejores prácticas para controlar tu dinero y con paciencia y paulatinamente crear riqueza.

Mi meta # 1 de "Dinero" en los próximos 12 meses:

Mis 3 pasos por seguir para cumplir ésta meta:

1.

La fecha de hoy:_____. Fecha ideal para cumplir la meta:_____. Fecha de cuando se cumplió la meta:_____.

2.

La fecha de hoy:_____. Fecha ideal para cumplir la meta:_____. Fecha de cuando se cumplió la meta:_____.

3.

La fecha de hoy:_____. Fecha ideal para cumplir la meta:_____. Fecha de cuando se cumplió la meta:_____.

Plan de *Start*Book

Síntesis del módulo: Presta atención a éstos detalles importantes para planificar un lanzamiento exitoso.

Mi meta # 1 de "Lanzamiento" en los próximos 12 meses:

Mis 3 pasos a seguir para cumplir ésta meta:

1.

La fecha de hoy:_____. Fecha ideal para cumplir la meta:_____. Fecha de cuando se cumplió la meta:_____.

2.

La fecha de hoy:_____. Fecha ideal para cumplir la meta:_____. Fecha de cuando se cumplió la meta:_____.

3.

La fecha de hoy:_____. Fecha ideal para cumplir la meta:_____. Fecha de cuando se cumplió la meta:_____.

Plan de *Start*Book

6. Clientes

Síntesis del módulo: Identifica tus clientes ideales, encuentra tu mensaje para ellos, y busca los medios adecuados para llegar a ellos . Házlos tan felices que ellos te traigan a tus amigos.

Mi meta # 1 de "Clientes" en los próximos 12 meses:

Mis 3 pasos a seguir para cumplir ésta meta:

1.

La fecha de hoy:_____. Fecha ideal para cumplir la meta:_____. Fecha de cuando se cumplió la meta:_____.

2.

La fecha de hoy:_____. Fecha ideal para cumplir la meta:_____. Fecha de cuando se cumplió la meta:_____.

3.

La fecha de hoy:_____. Fecha ideal para cumplir la meta:_____. Fecha de cuando se cumplió la meta:_____.

Plan de StartBook

7. Crecimiento

Síntesis del módulo: Planifica tus próximos pasos para poner en práctica lo ha aprendido en StartBook. Decide si deseas crecer de un propietario solitario a un Presidente Ejecutivo de una empresa sólida.

Mi meta # 1 de "Crecimiento" en los próximos 12 meses:

Mis 3 pasos a seguir para cumplir ésta meta:

1.

La fecha de hoy:_____. Fecha ideal para cumplir la meta:_____. Fecha de cuando se cumplió la meta:_____.

2.

La fecha de hoy:_____. Fecha ideal para cumplir la meta:_____. Fecha de cuando se cumplió la meta:_____.

3.

La fecha de hoy:_____. Fecha ideal para cumplir la meta:_____. Fecha de cuando se cumplió la meta:_____.

Contribuidores

Evan Keller, Autor Principal & Editor General – Evan está casado con su amada esposa Karen, de 25 años, quién es una enfermera y una cocinera increíble. Disfrutan de su vida juntos en la Florida Central, cerca de sus 13 sobrinas y sobrinos súper divertidos, y visitan las montañas de Carolina del Norte una vez al año. Evan es adicto a jugar baloncesto y practica ciclismo de montaña, remar con pala y mochilear en las montañas. Aprecia a sus amigos, el arte, la música blues y los libros sobre teología y negocios. En cuanto al trabajo, es el Fundador / Director Ejecutivo (CEO) de Creating Jobs Inc y Fundador / Director Ejecutivo (CEO) de Tree Work Now Inc.

Odile Perez, Autora & Traductora – Odile tradujo Startbook a español y escribió cuatro de susc casos de estudios. Ella cuida de su madre junto a su padrastro en Orlando, FL, ha vivido en seis países y es originaria de la República Dominicana. Actualmente trabaja como asistente administrativa y traductora en Creating Jobs Inc y Tree Work Now Inc Es una consultora de ventas independiente para Organo. Algo especial de sus experiencias pasadas fue servir como Asesora de Aprendizaje y Defensa en el Programa de Voluntariado de Diáspora del Voluntary Service Overseas (VSO) en el Reino Unido.

Carson Weitnauer, Autor – Carson escribió las narrativas ficticias de la tortillería propiedad de adolescentes y se le ocurrió el nombre "*Start*Book". También co-escribió el currículo de grupos pequeños *Everyday Questions* y co-editó el libro *True Reason*. Carson se graduó de Rhodes College (Memphis, TN) con un BA en filosofía y del Seminario Teológico Gordon-Conwell con un Máster en Divinidad. Carson se desempeña como presidente de la junta directiva de Creating Jobs Inc, la organización sin fines de lucro de desarrollo comercial que publicó *Start*Book. Vive en Atlanta, GA con su esposa y dos hijos.

Jeff Hostetter, Autor – Jeff escribió uno de los estudios de casos, tiene varias citas en *Start*Book y está contextualizando las 57 lecciones del libro uso de Compassion International. ¡Ha estado felizmente casado con Diane por 27 años! Viven en Lancaster, PA con sus hijos Adam (21) y Kelly (14). A Jeff le gusta montar su patineta eléctrica, sirve como líder de un pequeño grupo para su iglesia, tiene una profunda relación con Compassion International Honduras y es mentor principal de Creating Jobs Inc en Honduras. Es cofundador y ex Director Ejecutivo (CEO) del software de la iglesia Elexio, co-propietario actual (con su hijo Adam) de Fresh Healthy Vending. Es el fundador de Kingdom Impact y el presidente del capítulo de Christian Business Fellowship.

Carol McGehe, Mentora Internacional – Carol trabaja en Creating Jobs Inc en Honduras, donde escribió dos de los estudios de casos sobre empresarios a los que ella asesora junto con su esposo y mentor principal, Larry McGehe. Ella se retiró de una carrera como especialista en currículo (curriculum).

Lee Murray, Experto de Marketing – Lee proporcionó varias citas en *Start*Book. Su experiencia viene como director de Signal Media, como ex mentor principal y miembro actual de la junta directiva de Creating Jobs Inc

Dr. Carol Keller-Vlangas, Creadora de la Bibliografía Creator & Editora – Carol utilizó su experiencia como maestra de inglés y educadora profesional que ha invertido en miles de adolescentes a lo largo de los años, ¡incluyendo a su hijo Evan!

Mulyo Candra Amerta, Ilustrador – ¡Mulyo tomó la fotografía de un cono de pino del árbol de mi vecino y la convirtió en la espléndida ilustración de wpap que se ve en la portada, en la página titular y la sinopsis de *Start*Book! Mulyo vive en Kudus, Indonesia y puedes contratarlo en fivver.com como "amertacan."

Compassion International Honduras – Uno de nuestros autores de *Start*Book, Jeff Hostetter, ha desarrollado un vínculo profundo con Compassion al patrocinar y visitar a niños hondureños, y al motivar a docenas de empleados y amigos a que hagan lo mismo, algo que ha hecho por décadas. Nuestra asociación con Compassion International Honduras ha sido un gozo ya que ambas partes sentimos que Dios nos ha unido para hacer algo hermoso que ninguno de los dos podría hacer sólo. Ellos tienen la visión de capacitar a algunos de sus 22,000 adolescentes apadrinados para crear sus propias oportunidades a través del emprendimiento usando *Start*Book y las lecciones que se desarrollen del libro.

VIDA ABUNDANTE

Iglesia Cristiana Vida Abundante – Nuestra asociación de seis años con Vida Abundante, ha sido una bendición para Tegucigalpa con la cual ellos mentorean y empoderan empresarios para que utilicen sus negocios para servir. Su ministerio a los empresarios, "Global Empresarios en Pacto," está lleno de líderes sólidos que se han convertido en queridos amigos y socios ministeriales. ¡Valoramos a estos hermanos y hermanas en Cristo!

Contribuidores del Caso de Estudio – María Villela, Suyapa Parafita, Saúl Contreras, Héctor Euceda, Joyce (apellido omitido para proteger la privacidad de esta joven emprendedora), Fausto Varelo y Belinda González. Cada uno de ellos ejecuta un negocio exitoso en Honduras que *Start*Book utiliza para ilustrar el consejo de cada módulo. Agradecemos el tiempo que tomaron para compartir sus historias que son una inspiración para todos nosotros.

Colibri Servicios de Traducción, John Adams – Traductor (francés, criollo haitiano), colibritranslation@gmail.com.

 **Tree Work Now Inc** – Muchísimas gracias a mi hermano y socio comercial, Dani Keller, y a nuestro gran equipo de Tree Work Now Inc Al llenar hábilmente algunos de los roles que solía desempeñar, empoderan el trabajo de Creating Jobs Inc, incluyendo a este libro.

 Creating Jobs Inc – Los miembros de su junta directiva, compañeros mentores y emprendedores inspiradores están entretejidos en este libro. ¡Gracias a todos!

271

Bibliografía

Brodsky, N., & Burlington, B. (2008). *Street Smarts.* New York: Portfolio Hardcover.

Buffett, W. (2013, May 1). *The Buffett Formula: How to get Smarter.* Retrieved December 27, 2017, from Farnam Street Blog: https://www.farnamstreetblog.com/2013/05/the-buffett-formula-how-to-get-smarter/

Collins, J. (2011). *Good to Great.* New York: Harper Collins.

Covey, S. (1989). *The Seven Habits of Highly Effective People.* New York: Simon and Schuster.

DenBesten, K. (2008). *Shine.* Shippensburg: Destiny Image.

Elwell, E. (2017, November 25). *Co.Starter: Core Program Participant Binder.* Chattanooga: The Company Lab.

Gladwell, M. (2008). *Outliers: The Story of Success.* New York: Little Brown and Company.

Griffith, E. (2016, September 25). *Why Startups Fail, According to their Founders.* Retrieved December 20, 2017, from Fortune Magazine:http://fortune.com/2014/09/25/why-startups-fail-according-to-their-founders.html

Heath, C., & Heath, D. (2008). *Made to Stick.* New York: Random House.

Hood, J. (2013). *Imitating God in Christ.* Downers Grove: Intervarsity Press.

Kahle, D. (2016). Model or Leaders Staff Pick. *The Good Book on Business.* Houston: Center for Christianity in Business.

Keller, E. (2015). *GrowBook: 25 Essential Drivers of Small Business Success in the Developing World*. DeLand: Creating Jobs Inc

Lesonsky, R. (2016, January 20). *A Business Plan Doubles Your Chances for Success*. Retrieved December 21, 2017, from Small Business Trends: https://smallbiztrends.com/2010/06/business-plann-success-twice-as-likely.html

Medina, J. (2014). *Brain Rules*. Seattle: Pear Press.

Panasiuk, A. (2015). *Decisiones Que Cuentan*. Nashville: Grupo Nelson.

PartnersWorldwide. (2014). Business Curriculum for Small and Medium Enterprises. *Partners Worldwide Business Curriculum for Small and Medium Enterprises*. Grand Rapids: Partners Worldwide.

Rohn, J. (2016, February 27). *Personal Quotation by Fausto Varelo*. Retrieved December 20, 2017, from John Rohn Personal Development Seminar:https://youtube/jnBdNkkceZw

Santa Biblia (RVR 1960). Versión Reina Valera 1960. Bible Gateaway. (2017 noviembre- 2017, diciembre).

Steiner, A. (2017, September 15). What's in Your Hands? (E. Keller, Interviewer)

Tzu, S. (2017). *The Art of War*. London: MacMillan Collector's Library.

Made in the USA
Columbia, SC
21 April 2023